GOODBYE LETTER

GOODBYE LETTER

Jeremy Sigler

HUNTERS POINT PRESS
NEW YORK

Contents

The Common Phonabet

Q	cue
Q	que
Q	queue
QT	cutie
EZ	easy
E10	eaten
R	are
R	our
RT	arty
T	tee
T	tea
T	T
TP	teepee
TDS	tedious
4T	forty
6T	sixty
7T	seventy
9T	ninety
Y	why
YT	whitey
U	you
I	I
I	eye
IV	ivy

O	oh
O	owe
O	0 (zero)
OK	okay
P	pea
P	pee
PU	pee-you
A	a
AT	eighty
AG	agey
4A	foray
A10D	attendee
SA	essay
10S	tennis
DJ	deejay
D	de-
DVS	devious
DV8	deviate
FMN8	effeminate
G	gee
J	jay
K	cay
KG	cagey
L8	elate

ZT	ziti
1Z	onesie
X	X
X	ex-
XS	excess
XL	excel
C	see
C	sea
4C	foresee
CD	seedy
B	be
B	bee
BD	beady
BB	BB
B4	before
B10	beaten
BO	B.O.
B9	benign
N	an
4N	foreign
NE	any
NE1	anyone
NV	envy

M	am
M	em
MT	empty
MN8	emanate
MAC8	emaciate
MC	emcee
1	one
1-2	want to
1	won
2	to
2	two
2	too
4	for
4	fore
8	ate

GRAMMATICALS

I
C

I see

I
M

I am

U
C

You see

U
R

You are

I
C
U

I see
you

I
C
Y

I see
why

I
C
Y
I
M

I see
why
I am

I
C
Y
I
M
4N

I see
why

I am
foreign

I
C
Y
U
1

I see
why
you won

I
C
Y
I
M
O
K

I see
why
I am okay

I

C
Y
I
M
B4
U

I see
why I am
before you

I
C
1
C
B4

I see
one sea
before

I
C
1
J

I see
one jay

I
C
1
B

I see
one bee

I
C
U
P

I see
you
pee

I
C
U
P
2
B

MT

I see
you pee
to be
empty

I
C
A
QT

I see a
cutie

I
C
A
QT
P

I see a
cutie pee

I
C

N
AG
QT

I see
an agey
cutie

I
I
N
AG
QT

I eye
an agey
cutie

I
I
U

I eye
you

I

I
A
QT

I eye
a cutie

I
I
N
EZ
QT

I eye an
easy
cutie

I
I
U
N
A
1Z

I eye
you in

a onesie

I
I
N
AG
EZ
QT
N
A
1Z

I eye an
agey easy
cutie in
a onesie

I
I
N
AG
EZ
4N
QT

I eye

an agey
easy
foreign
cutie

U
R
R
1

You are
our one

I
M
O
4
1

I am 0
for one

I
NV
U

I envy

you

I
NV
NE
RT
SA

I envy
any arty
essay

I
NV
NE
4N
QT
B4
R
TP

I envy
any foreign
cutie before
our teepee

U
R
B10
2
XS
B4
R
TP

You are
beaten
to excess
before our
teepee

I
P
2
B
MT

I pee
to be
empty

I

P
2
MT
NE
XS
T

I pee
to empty
any excess
tea

U
P
N2
N
I

You pee
into an
eye

U
P
B4
R

TP

You pee
before our
teepee

2
A
T

To a T

I
8
ZT

I ate
ziti

I
8
IV

I ate
ivy

I

8
A
P

I ate
a pea

I
O
U
1

I owe
you one

I
X
U
B4
I
NV
U
2
XS

I X you

before I
envy
you to
excess

I
L8
U

I elate
you

Y
M
I
KG

Why am
I cagey

Y
R
U
EZ

Why are
you easy

I
M
2
EZ

I am too
easy

Y
R
U
MT

Why are
you empty

G
Y
M
I
MT
2

Gee,
why am I

empty
too

I
M
4U

I am
for you

U
C
I
M
A
YT

You see
I am
a whitey

Y
M
I
O
4

1

Why am
I O
for one

U
1

You
won

I
1
U

I won you

I
1–2
B
U

I want to
be you

I

1–2
B
NE1

I want
to be
anyone

I
1–2
XL

I want to
excel

I
1–2
XLR8

I want to
accelerate

I
1–2
C
U

I want to
see you

I
1–2
C
U
B
U

I want to
see you
be you

I
1–2
C
A
4N
QT
P

I want to
see a
foreign
cutie
pee

I
1–2
C
A
4N
QT
B
CD

I want
to see
a foreign
cutie be
seedy

I
1–2
C
N
RT
QT
P

I want to
see an

arty cutie
pee

I
M
Q
2

I am
cute too

U
R
Q
2

You are
cute too

I
1–2
L8
2

I want to
elate two

U
1
N
10S

You won
in tennis

I
I
A
C

I eye
a sea

U
R
Y
I
M
OK

You are
why I am
okay

I
8
ZT
B4
10S

I ate
ziti
before
tennis

I
1
N
10S

I won
in tennis

IV
10S

Ivy tennis

O

G
I
M
2
AG
4
U
N
U
R
2
TZ

Oh gee
I am too
agey for
you and
you are
too teasey

I
O
U
N
RT

SA
B4
I
MT
R
T

I owe you
an arty
essay before
I empty
our tea

I
O
R
QT
1
BB
B4
I
M
MT

I owe our
cutie one

beebee
before I
am empty

I
O
R
QT
1
BB
B4
I
DK

I owe
our cutie
one beebee
before I
decay

I
P
N2
A
C

I pee
into
a sea

I
C
N2
U

I see
into you

I
8
U

I ate you

I
C
N
RT
X
DT
N
D1Z

B4
A
CD
TV
MC

I see
an arty ex
de-T and
de-onesie
before a
seedy TV
emcee

A
CD
FMN8
A10D
N
A
1Z
1
R
NV
B4
A

TV
MC

A seedy
effeminate
attendee
in a onesie
won our
envy
before
a TV
emcee

N
A10D
1
A
TV

An
attendee
won
a TV

I
C
N

MT
TV

I see an
empty TV

U
C
N
MT
TV
2

You see
an empty
TV too

I
C
N
MT
C
B4
U

I see an

empty sea
before
you

I
8
U
B4
NE1

I ate you
before
anyone

I
M
B4
U
YT

I am
before you
whitey

R
U
OK

Are you
okay

I
M

I am

I
C
Y
I
M
A
J

I see
why I
am a J

I
C
Y
I
XL

2
XS

I see why
I excel
to excess

I
C
Y
R
C
8
U

I see
why our
sea ate
you

N
I
4
N
I

An eye
for an
eye

I
C
R
TDS
SA

I see our
tedious
essay

I
4C
N
EZ
1

I foresee
an easy
one

I
4C
N

OK
1

I foresee
an okay
one

T
NE1

Tea
anyone

T
1
B4
A
C

Tee one
before a
sea

I
T
1
B4

A
K

I tee
one
before
a cay

T
1
B4
U
I
1

Tee one
before
you eye
one

I
M
B10
B4
I
M

E10

I am
beaten
before I
am eaten

I
1
B4
U
T1
N2
N
IV
E10
C

Eye one
before you
tee one
into an ivy
eaten sea

I
XL

B4
I
M
E10

I excel
before
I am
eaten

U
R
B10
B4
U
R
E10

You are
beaten
before
you are
eaten

I
NV

U
B4
U
R
B10

I envy you
before you
are beaten

I
NV
U
B4
U
R
E10

I envy you
before
you are
eaten

I
C
A

B
E10
J

I see a
bee-eaten
jay

I
C
N
IV
E10
C

I see an
ivy-eaten
sea

I
C
A
B
E10
P

I see a
bee-eaten
pea

A
J
E10
B
B4
N
MT
C

A jay-eaten
bee before
an empty
sea

U
1
B4
U
8
IV

You won

before you
ate ivy

I
I
U
B4
U
D1Z

I eye you
before you
de-onesie

I
4C
A
4N
QT
N
A
10S
1Z

I foresee
a foreign

cutie in a
tennis
onesie

I
NV
U
B4
I
C
Y
I
1
U

I envy you
before I
see why
I won you

I
M
B10
B4
A
4N

C

I am
beaten
before
a foreign
sea

U
C
I
M
B10
B4
I
C
U
D1Z
N
P
N2
A
C

You see
I am

beaten
before I
see you
de-onesie
and pee
into a sea

U
R
Y
I
M
RT

You are
why I
am arty

U
R
Y
I
M
4N

You are
why I am

foreign

U
C
U
R
Y
I
M
KG

You see
you are
why I am
cagey

I
M
Y
U
R
RT

I am why
you are
arty

I
M
Y
U
R
EZ

I am why
you are
easy

I
M
Y
U
R
KG

I am why
you are
cagey

I
M
Y

U
1

I am why
you won

U
N
I
R
1

You and
I are one

U
R
Y
I
M
N
DK

You are
why I am
in decay

Four Letters

Oser
Osre
Oers
Oesr
Orse
Ores

Sero
Seor
Sroe
Sreo
Soer
Sore

Eros
Erso
Eosr
Eors
Esro
Esor

Rose
Roes
Rseo
Rsoe
Reos
Reso

Death and the Maiden

Matthias Claudius (1815)
Franz Schubert (1817)
Jeremy Sigler (2019)

Death sings

Give me your hand, you beautiful and tender form! *Take a sip of this juice, and don't worry, my beautiful little virgin. The sand is slipping through the hourglass, you're aging, you won't be this beautiful forever.*[1]

I am a friend, and come not to punish. *I'm not gonna hurt you, this is totally natural.*

Be of good cheer! I am not fierce. *Relax, it won't be long.*

[It kicks in.]

Softly shall you sleep in my arms! *She's out.*

1. See painting by Hans Baldung, 1509.

Maiden sings

Pass me by! *Fuck off!*

Oh, pass me by! *No seriously, fuck off!*

Go, fierce man of bones! *Fuck off, you creepy old pervert. Get out of my mirror!*[2]

I am still young! Go, dear. *I'm young enough to be your granddaughter! Now fuck off!*

And do not touch me. *Keep your fucking hands off me.*

And do not touch me. *Fuck off. And keep your fucking hands off me!*

2. Ibid.

Podcast

This dialogue is excerpted from the thirty-seven-minute podcast "Between Speaking and Singing" that was released on KCRW's *The Organist* on October 18, 2018. The episode was hosted and produced by Ross Simonini and Andrew Leland.

Andrew Leland Phonemes are the smallest unit of sound that a human can make. They're what make up grunts and words and sentences. They're what children use to sound out words as they're learning to read. In English, words and letters don't have a one-to-one relationship to sounds. The written letter *A*, for instance, can make a lot of different sounds. The international phonetic alphabet solves the problem by creating an alphabet that has a one-to-one relationship with sounds and can be applied to any language.

Jeremy Sigler Some are made in the mouth. Some are made with the tongue. Some are made with the teeth. Some come more from the throat. [*Sound.*]

AL That's the poet Jeremy Sigler. Sigler's written several books of experimental poetry, including *My Vibe, Crackpot [Poet]*, and he has a book called *ABCDEFGHIJKLMNOPQRSTUVWXYZ*. For his newest project, Sigler has written a poem entirely absent of words. To do this, he drew inspiration from music, specifically the choral music or madrigals of the seventeenth-century late-Renaissance composer Carlo Gesualdo. As choral works, madrigals require a lot of voices to perform, and Sigler wanted to build a poem that would also require multiple voices. What he arrived at is something he calls "Phonemadrigal." [*Sound.*] That's the entire poem. It's not even a second long. Let's hear it again. [*Sound.*] To make it, Sigler layered these phonetic sounds on top of each other, to squash language into this single linguistic experience, almost like a punctuation mark.

JS The phoneme sound was really designed to be all of the phonemes in the international alphabet of phonemes, uttered at one sort of musical beat. [*Sound.*]

AL This one-second piece of art marks the most recent step in Sigler's artistic journey, which began with traditional poetry and has moved into this experimental territory, where the poem itself has almost entirely been dissolved. Sigler sees the poem as a kind of speculative fiction. He's imagining this future where texting and email and other kinds of electronic communication will make spoken conversation obsolete.

JS I take it for granted, because I just sort of came out of birth with language, and I was given certain words to use, and over time all of the phonemes were sort of incorporated into my language. We're sort of programmed to use this stuff and we've evolved over time to isolate all of these different parts of our body to make all these different sounds, and we do it . . . it's second nature. But with this piece, I started to think: Well, what if it isn't necessarily something that we use in the future? What if human language is just something we've been using, essentially a flawed technology, that will be replaced by better technologies for communication? What if in the future, a simple conversation between two adults . . . what if that is someday a rarity, like an obscure musical piece that involved months of rehearsing and vocal training to be able to do? And I guess the sci-fi, dystopian poet in me came out and started wondering whether there would be a point when a simple conversation was elevated to a place of great beauty and rarity and exotic perfection—but that a simple conversation was no longer something that we had access to in our daily lives. Instead, let's say, the technology goes mind to cloud to mind—essentially telepathic communication all handled through algorithms and mathematic machines in order to take a thought from one brain to the other. Poets are already on the frontier of that anyway, so why not . . . why not go all the way with it? You know? So I kind of thought maybe coming up with this as a poem would be a sort of endgame, as if this was gonna be my last poem, and the last poem ever in . . . the human technology of language. I kind of think I'm doing a bit of a reverse engineering of the first human sound. I mean, what I hear in it is a cave man. I like to think of it as my last poem. And then it was really part of the endgame . . . I think a little bit of Beckett, where there's an endgame, and there's this tension of the writer who feels sort of fatalistically unable to go on any longer, and I think there was a Beckett-like muse visiting me saying: It's OK. Just sort of end it. You know? If you can find the right last poem, you can end this whole project, and move on with your life, and do other things, and you won't have to just continue to write another love poem, or another poem about nature, or another poem about the sky that feels like: Oh, just another poem. Here comes another one. Just like the last one. So it was this feeling that I could escape from that, if I could find the proper dismount, or ultimate poem. And then I realized it's probably a penultimate poem. You know? That must be why the word "penultimate" exists; it's all these idiots who think they're gonna come up with the ultimate poem. [*Sound.*]

Voice of a Generation

Generations

GI Generation	1901–1924	Age 94–
Silent Generation	1925–1942	Age 76–93
Baby Boomers	1943–1964	Age 54–75
MTV Generation	1965–1979	Age 39–53
Millennials	1980–2000	Age 18–38
Generation Z	2001–2018	Age 5–17

Voices of an MT Generation

1965	3,760,358
1966	3,606,274
1967	3,520,959
1968	3,501,564
1969	3,600,206
1970	3,731,386
1971	3,555,970
1972	3,258,411
1973	3,136,965
1974	3,159,958
1975	3,144,198
1976	3,167,788
1977	3,326,632
1978	3,333,279
1979	3,494,398
	51,298,346

The Voice of a Generation

```
51,298,346
       - 1
----------
51,298,345
```

QWERTY

Footprints in the Snow

Q

W

E

R

T

Y

J

Z

G

K

D

H

A

F

O

S

U

P

I

N

V

M

X

B

C

IS AS IT IS IT

QWERTYU OP
ASDFGHJKL
ZXCVBNM

QWERTYUIOP
A DFGHJKL
ZXCVBNM

QWERTYUIOP
ASDFGHJKL
ZXCVBNM

QWERTYUIOP
SDFGHJKL
ZXCVBNM

QWERTYUIOP
A DFGHJKL
ZXCVBNM

QWERTYUIOP
ASDFGHJKL
ZXCVBNM

QWERTYU OP
ASDFGHJKL
ZXCVBNM

QWER YUIOP
ASDFGHJKL
ZXCVBNM

QWERTYUIOP
ASDFGHJKL
ZXCVBNM

QWERTYU OP
ASDFGHJKL
ZXCVBNM

QWERTYUIOP
A DFGHJKL
ZXCVBNM

QWERTYUIOP
ASDFGHJKL
ZXCVBNM

QWERTYU OP
ASDFGHJKL
ZXCVBNM

QWER YUIOP
ASDFGHJKL
ZXCVBNM

QWERTYUIOP
ASDFGHJKL
ZXCVBNM

QWERTYU OP
ASDFGHJKL
ZXCVBNM

QWERTYUIOP
A DFGHJKL
ZXCVBNM

QWERTYUIOP
ASDFGHJKL
ZXCVBNM

QWERTYUIOP
SDFGHJKL
ZXCVBNM

QWERTYUIOP
A DFGHJKL
ZXCVBNM

QWERTYUIOP
ASDFGHJKL
ZXCVBNM

QWERTYU OP
ASDFGHJKL
ZXCVBNM

QWER YUIOP
ASDFGHJKL
ZXCVBNM

QWERTYUIOP
ASDFGHJKL
ZXCVBNM

QWERTYU OP
ASDFGHJKL
ZXCVBNM

QWERTYUIOP
A DFGHJKL
ZXCVBNM

QWERTYUIOP
ASDFGHJKL
ZXCVBNM

QWERTYU OP
ASDFGHJKL
ZXCVBNM

QWER YUIOP
ASDFGHJKL
ZXCVBNM

QWERTYUIOP
ASDFGHJKL
ZXCVBNM

QWERTYU OP
ASDFGHJKL
ZXCVBNM

QWERTYUIOP
A DFGHJKL
ZXCVBNM

QWERTYUIOP
ASDFGHJKL
ZXCVBNM

QWERTYUIOP
SDFGHJKL
ZXCVBNM

QWERTYUIOP
A DFGHJKL
ZXCVBNM

QWERTYUIOP
ASDFGHJKL
ZXCVBNM

QWERTYU OP
ASDFGHJKL
ZXCVBNM

QWER YUIOP
ASDFGHJKL
ZXCVBNM

QWERTYUIOP
ASDFGHJKL
ZXCVBNM

QWERTYU OP
ASDFGHJKL
ZXCVBNM

QWERTYUIOP
A DFGHJKL
ZXCVBNM

QWERTYUIOP
ASDFGHJKL
ZXCVBNM

QWERTYU OP
ASDFGHJKL
ZXCVBNM

QWER YUIOP
ASDFGHJKL
ZXCVBNM

QWERTYUIOP
ASDFGHJKL
ZXCVBNM

QWERTYU OP
ASDFGHJKL
ZXCVBNM

QWERTYUIOP
A DFGHJKL
ZXCVBNM

QWERTYUIOP
ASDFGHJKL
ZXCVBNM

QWERTYUIOP
SDFGHJKL
ZXCVBNM

QWERTYUIOP
A DFGHJKL
ZXCVBNM

QWERTYUIOP
ASDFGHJKL
ZXCVBNM

QWERTYU OP
ASDFGHJKL
ZXCVBNM

QWER YUIOP
ASDFGHJKL
ZXCVBNM

QWERTYUIOP
ASDFGHJKL
ZXCVBNM

QWERTYU OP
ASDFGHJKL
ZXCVBNM

QWERTYUIOP
A DFGHJKL
ZXCVBNM

QWERTYUIOP
ASDFGHJKL
ZXCVBNM

QWERTYU OP
ASDFGHJKL
ZXCVBNM

QWER YUIOP
ASDFGHJKL
ZXCVBNM

QWERTYUIOP
ASDFGHJKL
ZXCVBNM

QWERTYU OP
ASDFGHJKL
ZXCVBNM

QWERTYUIOP
A DFGHJKL
ZXCVBNM

QWERTYUIOP
ASDFGHJKL
ZXCVBNM

QWERTYUIOP
SDFGHJKL
ZXCVBNM

QWERTYUIOP
A DFGHJKL
ZXCVBNM

QWERTYUIOP
ASDFGHJKL
ZXCVBNM

QWERTYU OP
ASDFGHJKL
ZXCVBNM

QWER YUIOP
ASDFGHJKL
ZXCVBNM

QWERTYUIOP
ASDFGHJKL
ZXCVBNM

QWERTYU OP
ASDFGHJKL
ZXCVBNM

QWERTYUIOP
A DFGHJKL
ZXCVBNM

QWERTYUIOP
ASDFGHJKL
ZXCVBNM

QWERTYU OP
ASDFGHJKL
ZXCVBNM

QWER YUIOP
ASDFGHJKL
ZXCVBNM

QWERTYUIOP
ASDFGHJKL
ZXCVBNM

QWERTYU OP
ASDFGHJKL
ZXCVBNM

QWERTYUIOP
A DFGHJKL
ZXCVBNM

QWERTYUIOP
ASDFGHJKL
ZXCVBNM

QWERTYUIOP
SDFGHJKL
ZXCVBNM

QWERTYUIOP
A DFGHJKL
ZXCVBNM

QWERTYUIOP
ASDFGHJKL
ZXCVBNM

QWERTYU OP
ASDFGHJKL
ZXCVBNM

QWER YUIOP
ASDFGHJKL
ZXCVBNM

QWERTYUIOP
ASDFGHJKL
ZXCVBNM

QWERTYU OP
ASDFGHJKL
ZXCVBNM

QWERTYUIOP
A DFGHJKL
ZXCVBNM

QWERTYUIOP
ASDFGHJKL
ZXCVBNM

QWERTYU OP
ASDFGHJKL
ZXCVBNM

QWER YUIOP
ASDFGHJKL
ZXCVBNM

QWERTYUIOP
ASDFGHJKL
ZXCVBNM

QWERTYU OP
ASDFGHJKL
ZXCVBNM

QWERTYUIOP
A DFGHJKL
ZXCVBNM

QWERTYUIOP
ASDFGHJKL
ZXCVBNM

QWERTYUIOP
SDFGHJKL
ZXCVBNM

QWERTYUIOP
A DFGHJKL
ZXCVBNM

QWERTYUIOP
ASDFGHJKL
ZXCVBNM

QWERTYU OP
ASDFGHJKL
ZXCVBNM

QWER YUIOP
ASDFGHJKL
ZXCVBNM

QWERTYUIOP
ASDFGHJKL
ZXCVBNM

QWERTYU OP
ASDFGHJKL
ZXCVBNM

QWERTYUIOP
A DFGHJKL
ZXCVBNM

QWERTYUIOP
ASDFGHJKL
ZXCVBNM

QWERTYU OP
ASDFGHJKL
ZXCVBNM

QWER YUIOP
ASDFGHJKL
ZXCVBNM

QWERTYUIOP
ASDFGHJKL
ZXCVBNM

QWERTYU OP
ASDFGHJKL
ZXCVBNM

QWERTYUIOP
A DFGHJKL
ZXCVBNM

QWERTYUIOP
ASDFGHJKL
ZXCVBNM

QWERTYUIOP
SDFGHJKL
ZXCVBNM

QWERTYUIOP
A DFGHJKL
ZXCVBNM

QWERTYUIOP
ASDFGHJKL
ZXCVBNM

QWERTYU OP
ASDFGHJKL
ZXCVBNM

QWER YUIOP
ASDFGHJKL
ZXCVBNM

QWERTYUIOP
ASDFGHJKL
ZXCVBNM

QWERTYU OP
ASDFGHJKL
ZXCVBNM

QWERTYUIOP
A DFGHJKL
ZXCVBNM

QWERTYUIOP
ASDFGHJKL
ZXCVBNM

QWERTYU OP
ASDFGHJKL
ZXCVBNM

QWER YUIOP
ASDFGHJKL
ZXCVBNM

QWERTYUIOP
ASDFGHJKL
ZXCVBNM

QWERTYU OP
ASDFGHJKL
ZXCVBNM

QWERTYUIOP
A DFGHJKL
ZXCVBNM

QWERTYUIOP
ASDFGHJKL
ZXCVBNM

QWERTYUIOP
SDFGHJKL
ZXCVBNM

QWERTYUIOP
A DFGHJKL
ZXCVBNM

QWERTYUIOP
ASDFGHJKL
ZXCVBNM

QWERTYU OP
ASDFGHJKL
ZXCVBNM

QWER YUIOP
ASDFGHJKL
ZXCVBNM

QWERTYUIOP
ASDFGHJKL
ZXCVBNM

QWERTYU OP
ASDFGHJKL
ZXCVBNM

QWERTYUIOP
A DFGHJKL
ZXCVBNM

QWERTYUIOP
ASDFGHJKL
ZXCVBNM

QWERTYU OP
ASDFGHJKL
ZXCVBNM

QWER YUIOP
ASDFGHJKL
ZXCVBNM

QWERTYUIOP
ASDFGHJKL
ZXCVBNM

QWERTYU OP
ASDFGHJKL
ZXCVBNM

QWERTYUIOP
A DFGHJKL
ZXCVBNM

QWERTYUIOP
ASDFGHJKL
ZXCVBNM

QWERTYUIOP
SDFGHJKL
ZXCVBNM

QWERTYUIOP
A DFGHJKL
ZXCVBNM

QWERTYUIOP
ASDFGHJKL
ZXCVBNM

QWERTYU OP
ASDFGHJKL
ZXCVBNM

QWER YUIOP
ASDFGHJKL
ZXCVBNM

QWERTYUIOP
ASDFGHJKL
ZXCVBNM

QWERTYU OP
ASDFGHJKL
ZXCVBNM

QWERTYUIOP
A DFGHJKL
ZXCVBNM

QWERTYUIOP
ASDFGHJKL
ZXCVBNM

QWERTYU OP
ASDFGHJKL
ZXCVBNM

QWER YUIOP
ASDFGHJKL
ZXCVBNM

QWERTYUIOP
ASDFGHJKL
ZXCVBNM

QWERTYU OP
ASDFGHJKL
ZXCVBNM

QWERTYUIOP
A DFGHJKL
ZXCVBNM

QWERTYUIOP
ASDFGHJKL
ZXCVBNM

QWERTYUIOP
SDFGHJKL
ZXCVBNM

QWERTYUIOP
A DFGHJKL
ZXCVBNM

QWERTYUIOP
ASDFGHJKL
ZXCVBNM

QWERTYU OP
ASDFGHJKL
ZXCVBNM

QWER YUIOP
ASDFGHJKL
ZXCVBNM

QWERTYUIOP
ASDFGHJKL
ZXCVBNM

QWERTYU OP
ASDFGHJKL
ZXCVBNM

QWERTYUIOP
A DFGHJKL
ZXCVBNM

QWERTYUIOP
ASDFGHJKL
ZXCVBNM

QWERTYU OP
ASDFGHJKL
ZXCVBNM

QWER YUIOP
ASDFGHJKL
ZXCVBNM

QWERTYUIOP
ASDFGHJKL
ZXCVBNM

QWERTYU OP
ASDFGHJKL
ZXCVBNM

QWERTYUIOP
A DFGHJKL
ZXCVBNM

QWERTYUIOP
ASDFGHJKL
ZXCVBNM

QWERTYUIOP
SDFGHJKL
ZXCVBNM

QWERTYUIOP
A DFGHJKL
ZXCVBNM

QWERTYUIOP
ASDFGHJKL
ZXCVBNM

QWERTYU OP
ASDFGHJKL
ZXCVBNM

QWER YUIOP
ASDFGHJKL
ZXCVBNM

QWERTYUIOP
ASDFGHJKL
ZXCVBNM

QWERTYU OP
ASDFGHJKL
ZXCVBNM

QWERTYUIOP
A DFGHJKL
ZXCVBNM

QWERTYUIOP
ASDFGHJKL
ZXCVBNM

QWERTYU OP
ASDFGHJKL
ZXCVBNM

QWER YUIOP
ASDFGHJKL
ZXCVBNM

QWERTYUIOP
ASDFGHJKL
ZXCVBNM

QWERTYU OP
ASDFGHJKL
ZXCVBNM

QWERTYUIOP
A DFGHJKL
ZXCVBNM

QWERTYUIOP
ASDFGHJKL
ZXCVBNM

QWERTYUIOP
SDFGHJKL
ZXCVBNM

QWERTYUIOP
A DFGHJKL
ZXCVBNM

QWERTYUIOP
ASDFGHJKL
ZXCVBNM

QWERTYU OP
ASDFGHJKL
ZXCVBNM

QWER YUIOP
ASDFGHJKL
ZXCVBNM

QWERTYUIOP
ASDFGHJKL
ZXCVBNM

QWERTYU OP
ASDFGHJKL
ZXCVBNM

QWERTYUIOP
A DFGHJKL
ZXCVBNM

QWERTYUIOP
ASDFGHJKL
ZXCVBNM

QWERTYU OP
ASDFGHJKL
ZXCVBNM

QWER YUIOP
ASDFGHJKL
ZXCVBNM

QWERTYUIOP
ASDFGHJKL
ZXCVBNM

QWERTYU OP ASDFGHJKL ZXCVBNM	QWERTYU OP ASDFGHJKL ZXCVBNM	QWERTYU OP ASDFGHJKL ZXCVBNM	QWERTYU OP ASDFGHJKL ZXCVBNM
QWERTYUIOP A DFGHJKL ZXCVBNM	QWERTYUIOP A DFGHJKL ZXCVBNM	QWERTYUIOP A DFGHJKL ZXCVBNM	QWERTYUIOP A DFGHJKL ZXCVBNM
QWERTYUIOP ASDFGHJKL ZXCVBNM	QWERTYUIOP ASDFGHJKL ZXCVBNM	QWERTYUIOP ASDFGHJKL ZXCVBNM	QWERTYUIOP ASDFGHJKL ZXCVBNM
QWERTYUIOP SDFGHJKL ZXCVBNM	QWERTYUIOP SDFGHJKL ZXCVBNM	QWERTYUIOP SDFGHJKL ZXCVBNM	QWERTYUIOP SDFGHJKL ZXCVBNM
QWERTYUIOP A DFGHJKL ZXCVBNM	QWERTYUIOP A DFGHJKL ZXCVBNM	QWERTYUIOP A DFGHJKL ZXCVBNM	QWERTYUIOP A DFGHJKL ZXCVBNM
QWERTYUIOP ASDFGHJKL ZXCVBNM	QWERTYUIOP ASDFGHJKL ZXCVBNM	QWERTYUIOP ASDFGHJKL ZXCVBNM	QWERTYUIOP ASDFGHJKL ZXCVBNM
QWERTYU OP ASDFGHJKL ZXCVBNM	QWERTYU OP ASDFGHJKL ZXCVBNM	QWERTYU OP ASDFGHJKL ZXCVBNM	QWERTYU OP ASDFGHJKL ZXCVBNM
QWER YUIOP ASDFGHJKL ZXCVBNM	QWER YUIOP ASDFGHJKL ZXCVBNM	QWER YUIOP ASDFGHJKL ZXCVBNM	QWER YUIOP ASDFGHJKL ZXCVBNM
QWERTYUIOP ASDFGHJKL ZXCVBNM	QWERTYUIOP ASDFGHJKL ZXCVBNM	QWERTYUIOP ASDFGHJKL ZXCVBNM	QWERTYUIOP ASDFGHJKL ZXCVBNM
QWERTYU OP ASDFGHJKL ZXCVBNM	QWERTYU OP ASDFGHJKL ZXCVBNM	QWERTYU OP ASDFGHJKL ZXCVBNM	QWERTYU OP ASDFGHJKL ZXCVBNM
QWERTYUIOP A DFGHJKL ZXCVBNM	QWERTYUIOP A DFGHJKL ZXCVBNM	QWERTYUIOP A DFGHJKL ZXCVBNM	QWERTYUIOP A DFGHJKL ZXCVBNM
QWERTYUIOP ASDFGHJKL ZXCVBNM	QWERTYUIOP ASDFGHJKL ZXCVBNM	QWERTYUIOP ASDFGHJKL ZXCVBNM	QWERTYUIOP ASDFGHJKL ZXCVBNM
QWERTYU OP ASDFGHJKL ZXCVBNM	QWERTYU OP ASDFGHJKL ZXCVBNM	QWERTYU OP ASDFGHJKL ZXCVBNM	QWERTYU OP ASDFGHJKL ZXCVBNM
QWER YUIOP ASDFGHJKL ZXCVBNM	QWER YUIOP ASDFGHJKL ZXCVBNM	QWER YUIOP ASDFGHJKL ZXCVBNM	QWER YUIOP ASDFGHJKL ZXCVBNM
QWERTYUIOP ASDFGHJKL ZXCVBNM	QWERTYUIOP ASDFGHJKL ZXCVBNM	QWERTYUIOP ASDFGHJKL ZXCVBNM	QWERTYUIOP ASDFGHJKL ZXCVBNM

Stethoscopoem

for my father

In 1816, I was consulted by a young woman laboring under general symptoms of diseased heart, and in whose case percussion and the application of the hand were of little avail on account of the great degree of fatness. The other method just mentioned [direct auscultation] being rendered inadmissible by the age and sex of the patient, I happened to recollect a simple and well-known fact in acoustics . . . the augmented impression of sound when conveyed through certain solid bodies, as when we hear the scratch of a pin at one end of a piece of wood on applying our ear to the other. Immediately, on this suggestion, I rolled a quire of paper into a sort of cylinder and applied one end of it to the region of the heart and the other to my ear, and was not a little surprised and pleased to find that I could thereby perceive the action of the heart in a manner much more clear and distinct than I had ever been able to do by the immediate application of the ear.

—René Laënnec (1781–1826)

IS WHAT IT IS IT

A B C D E F G H   J K L M N O P Q R S T U V W X Y Z

B C D E F G H I J K L M N O P Q R   T U V W X Y Z A

C D E F G H I J K L M N O P Q R S T U V W X Y Z A B

D E F G H I J K L M N O P Q R S T U V   X Y Z A B C

E F G   I J K L M N O P Q R S T U V W X Y Z A B C D

F G H I J K L M N O P Q R S T U V W X Y Z   B C D E

G H I J K L M N O P Q R S   U V W X Y Z A B C D E F

H I J K L M N O P Q R S T U V W X Y Z A B C D E F G

  J K L M N O P Q R S T U V W X Y Z A B C D E F G H

J K L M N O P Q R S   U V W X Y Z A B C D E F G H I

K L M N O P Q R S T U V W X Y Z A B C D E F G H I J

L M N O P Q R S T U V W X Y Z A B C D E F G H   J K

M N O P Q R   T U V W X Y Z A B C D E F G H I J K L

N O P Q R S T U V W X Y Z A B C D E F G H I J K L M

O P Q R S T U V W X Y Z A B C D E F G H   J K L M N

P Q R S   U V W X Y Z A B C D E F G H I J K L M N O

Q R S T U V W X Y Z A B C D E F G H   J K L M N O P

R   T U V W X Y Z A B C D E F G H I J K L M N O P Q

S T U V W X Y Z A B C D E F G H I J K L M N O P Q R

T U V   X Y Z A B C D E F G H I J K L M N O P Q R S

U V W X Y Z A B C D E F G   I J K L M N O P Q R S T

V W X Y Z   B C D E F G H I J K L M N O P Q R S T U

W X Y Z A B C D E F G H I J K L M N O P Q R S   U V

X Y Z A B C D E F G H I J K L M N O P Q R S T U V W

Y Z A B C D E F G H   J K L M N O P Q R S T U V W X

Z A B C D E F G H I J K L M N O P Q R S   U V W X Y

A B C D E F G H I J K L M N O P Q R S T U V W X Y Z

B C D E F G H   J K L M N O P Q R S T U V W X Y Z A

C D E F G H I J K L M N O P Q R   T U V W X Y Z A B

D E F G H I J K L M N O P Q R S T U V W X Y Z A B C

E F G H   J K L M N O P Q R S T U V W X Y Z A B C D

F G H I J K L M N O P Q R S   U V W X Y Z A B C D E

G H   J K L M N O P Q R S T U V W X Y Z A B C D E F

H I J K L M N O P Q R   T U V W X Y Z A B C D E F G

I J K L M N O P Q R S T U V W X Y Z A B C D E F G H

J K L M N O P Q R S T U V   X Y Z A B C D E F G H I

K L M N O P Q R S T U V W X Y Z A B C D E F G   I J

L M N O P Q R S T U V W X Y Z   B C D E F G H I J K

M N O P Q R S   U V W X Y Z A B C D E F G H I J K L

N O P Q R S T U V W X Y Z A B C D E F G H I J K L M

O P Q R S T U V W X Y Z A B C D E F G H   J K L M N

P Q R S   U V W X Y Z A B C D E F G H I J K L M N O

Q R S T U V W X Y Z A B C D E F G H I J K L M N O P

R S T U V W X Y Z A B C D E F G H   J K L M N O P Q

  T U V W X Y Z A B C D E F G H I J K L M N O P Q R

T U V W X Y Z A B C D E F G H I J K L M N O P Q R S

U V W X Y Z A B C D E F G H   J K L M N O P Q R S T

V W X Y Z A B C D E F G H I J K L M N O P Q R S   U

W X Y Z A B C D E F G H   J K L M N O P Q R S T U V

X Y Z A B C D E F G H I J K L M N O P Q R   T U V W

Y Z A B C D E F G H I J K L M N O P Q R S T U V W X

Z A B C D E F G H I J K L M N O P Q R S T U V   X Y

A B C D E F G   I J K L M N O P Q R S T U V W X Y Z

B C D E F G H I J K L M N O P Q R S T U V W X Y Z

C D E F G H I J K L M N O P Q R S   U V W X Y Z A B

D E F G H I J K L M N O P Q R S T U V W X Y Z A B C

E F G H   J K L M N O P Q R S T U V W X Y Z A B C D

F G H I J K L M N O P Q R S   U V W X Y Z A B C D E

G H I J K L M N O P Q R S T U V W X Y Z A B C D E F

H   J K L M N O P Q R S T U V W X Y Z A B C D E F G

I J K L M N O P Q R   T U V W X Y Z A B C D E F G H

J K L M N O P Q R S T U V W X Y Z A B C D E F G H I

K L M N O P Q R S T U V W X Y Z A B C D E F G H   J

L M N O P Q R S   U V W X Y Z A B C D E F G H I J K

M N O P Q R S T U V W X Y Z A B C D E F G H   J K L

N O P Q R   T U V W X Y Z A B C D E F G H I J K L M

O P Q R S T U V W X Y Z A B C D E F G H I J K L M N

P Q R S T U V   X Y Z A B C D E F G H I J K L M N O

Q R S T U V W X Y Z A B C D E F G   I J K L M N O P

R S T U V W X Y Z   B C D E F G H I J K L M N O P Q

S   U V W X Y Z A B C D E F G H I J K L M N O P Q R

T U V W X Y Z A B C D E F G H I J K L M N O P Q R S

U V W X Y Z A B C D E F G H   J K L M N O P Q R S T

V W X Y Z A B C D E F G H I J K L M N O P Q R S   U

W X Y Z A B C D E F G H I J K L M N O P Q R S T U V

X Y Z A B C D E F G H   J K L M N O P Q R S T U V W

Y Z A B C D E F G H I J K L M N O P Q R   T U V W X

Z A B C D E F G H I J K L M N O P Q R S T U V W X Y

A B C D E F G H   J K L M N O P Q R S T U V W X Y Z

B C D E F G H I J K L M N O P Q R S   U V W X Y Z A

C D E F G H   J K L M N O P Q R S T U V W X Y Z A B

D E F G H I J K L M N O P Q R   T U V W X Y Z A B C

E F G H I J K L M N O P Q R S T U V W X Y Z A B C D

F G H I J K L M N O P Q R S T U V   X Y Z A B C D E

G   I J K L M N O P Q R S T U V W X Y Z A B C D E F

H I J K L M N O P Q R S T U V W X Y Z   B C D E F G

I J K L M N O P Q R S   U V W X Y Z A B C D E F G H

J K L M N O P Q R S T U V W X Y Z A B C D E F G H I

K L M N O P Q R S T U V W X Y Z A B C D E F G H   J

L M N O P Q R S   U V W X Y Z A B C D E F G H I J K

M N O P Q R S T U V W X Y Z A B C D E F G H I J K L

N O P Q R S T U V W X Y Z A B C D E F G H   J K L M

O P Q R   T U V W X Y Z A B C D E F G H I J K L M N

P Q R S T U V W X Y Z A B C D E F G H I J K L M N O

Q R S T U V W X Y Z A B C D E F G H   J K L M N O P

R S   U V W X Y Z A B C D E F G H I J K L M N O P Q

S T U V W X Y Z A B C D E F G H   J K L M N O P Q R

T U V W X Y Z A B C D E F G H I J K L M N O P Q R

U V W X Y Z A B C D E F G H I J K L M N O P Q R S T

V   X Y Z A B C D E F G H I J K L M N O P Q R S T U

W X Y Z A B C D E F G   I J K L M N O P Q R S T U V

X Y Z   B C D E F G H I J K L M N O P Q R S T U V W

Y Z A B C D E F G H I J K L M N O P Q R S   U V W X

Z A B C D E F G H I J K L M N O P Q R S T U V W X Y

A B C D E F G H   J K L M N O P Q R S T U V W X Y Z

B C D E F G H I J K L M N O P Q R S   U V W X Y Z A

C D E F G H I J K L M N O P Q R S T U V W X Y Z A B

D E F G H   J K L M N O P Q R S T U V W X Y Z A B C

E F G H I J K L M N O P Q R   T U V W X Y Z A B C D

F G H I J K L M N O P Q R S T U V W X Y Z A B C D E

G H   J K L M N O P Q R S T U V W X Y Z A B C D E F

H I J K L M N O P Q R S   U V W X Y Z A B C D E F G

  J K L M N O P Q R S T U V W X Y Z A B C D E F G H

J K L M N O P Q R   T U V W X Y Z A B C D E F G H I

K L M N O P Q R S T U V W X Y Z A B C D E F G H I J

L M N O P Q R S T U V   X Y Z A B C D E F G H I J K

M N O P Q R S T U V W X Y Z A B C D E F G   I J K L

N O P Q R S T U V W X Y Z   B C D E F G H I J K L M

O P Q R S   U V W X Y Z A B C D E F G H I J K L M N

P Q R S T U V W X Y Z A B C D E F G H I J K L M N O

Q R S T U V W X Y Z A B C D E F G H   J K L M N O P

R S   U V W X Y Z A B C D E F G H I J K L M N O P Q

S T U V W X Y Z A B C D E F G H I J K L M N O P Q R

T U V W X Y Z A B C D E F G H   J K L M N O P Q R S

U V W X Y Z A B C D E F G H I J K L M N O P Q R   T

V W X Y Z A B C D E F G H I J K L M N O P Q R S T U

W X Y Z A B C D E F G H   J K L M N O P Q R S T U V

X Y Z A B C D E F G H I J K L M N O P Q R S   U V W

Y Z A B C D E F G H   J K L M N O P Q R S T U V W X

Z A B C D E F G H I J K L M N O P Q R   T U V W X Y

A B C D E F G H I J K L M N O P Q R S T U V W X Y Z

B C D E F G H I J K L M N O P Q R S T U V   X Y Z A

C D E F G   I J K L M N O P Q R S T U V W X Y Z A B

D E F G H I J K L M N O P Q R S T U V W X Y Z   B C

E F G H I J K L M N O P Q R S   U V W X Y Z A B C D

F G H I J K L M N O P Q R S T U V W X Y Z A B C D E

G H   J K L M N O P Q R S T U V W X Y Z A B C D E F

H I J K L M N O P Q R S   U V W X Y Z A B C D E F G

I J K L M N O P Q R S T U V W X Y Z A B C D E F G H

J K L M N O P Q R S T U V W X Y Z A B C D E F G H

K L M N O P Q R   T U V W X Y Z A B C D E F G H I J

L M N O P Q R S T U V W X Y Z A B C D E F G H I J K

M N O P Q R S T U V W X Y Z A B C D E F G H   J K L

N O P Q R S   U V W X Y Z A B C D E F G H I J K L M

O P Q R S T U V W X Y Z A B C D E F G H   J K L M N

P Q R   T U V W X Y Z A B C D E F G H I J K L M N O

Q R S T U V W X Y Z A B C D E F G H I J K L M N O P

R S T U V   X Y Z A B C D E F G H I J K L M N O P Q

S T U V W X Y Z A B C D E F G   I J K L M N O P Q R

T U V W X Y Z   B C D E F G H I J K L M N O P Q R S

U V W X Y Z A B C D E F G H I J K L M N O P Q R S

V W X Y Z A B C D E F G H I J K L M N O P Q R S T U

W X Y Z A B C D E F G H   J K L M N O P Q R S T U V

X Y Z A B C D E F G H I J K L M N O P Q R S   U V W

Y Z A B C D E F G H I J K L M N O P Q R S T U V W X

Z A B C D E F G H   J K L M N O P Q R S T U V W X Y

A B C D E F G H I J K L M N O P Q R   T U V W X Y Z

B C D E F G H I J K L M N O P Q R S T U V W X Y Z A

C D E F G H   J K L M N O P Q R S T U V W X Y Z A B

D E F G H I J K L M N O P Q R S   U V W X Y Z A B C

E F G H   J K L M N O P Q R S T U V W X Y Z A B C D

F G H I J K L M N O P Q R   T U V W X Y Z A B C D E

G H I J K L M N O P Q R S T U V W X Y Z A B C D E F

H I J K L M N O P Q R S T U V   X Y Z A B C D E F G

I J K L M N O P Q R S T U V W X Y Z A B C D E F G

J K L M N O P Q R S T U V W X Y Z   B C D E F G H I

K L M N O P Q R S   U V W X Y Z A B C D E F G H I J

L M N O P Q R S T U V W X Y Z A B C D E F G H I J K

M N O P Q R S T U V W X Y Z A B C D E F G H   J K L

N O P Q R S   U V W X Y Z A B C D E F G H I J K L M

O P Q R S T U V W X Y Z A B C D E F G H I J K L M N

P Q R S T U V W X Y Z A B C D E F G H   J K L M N O

Q R   T U V W X Y Z A B C D E F G H I J K L M N O P

R S T U V W X Y Z A B C D E F G H I J K L M N O P Q

S T U V W X Y Z A B C D E F G H   J K L M N O P Q R

U V W X Y Z A B C D E F G H I J K L M N O P Q R S

U V W X Y Z A B C D E F G H   J K L M N O P Q R S T

V W X Y Z A B C D E F G H I J K L M N O P Q R   T U

W X Y Z A B C D E F G H I J K L M N O P Q R S T U V

X Y Z A B C D E F G H I J K L M N O P Q R S T U V

Y Z A B C D E F G   I J K L M N O P Q R S T U V W X

Z   B C D E F G H I J K L M N O P Q R S T U V W X Y

A B C D E F G H I J K L M N O P Q R S   U V W X Y Z

B C D E F G H I J K L M N O P Q R S T U V W X Y Z A

C D E F G H   J K L M N O P Q R S T U V W X Y Z A B

D E F G H I J K L M N O P Q R S   U V W X Y Z A B C

E F G H I J K L M N O P Q R S T U V W X Y Z A B C D

F G H   J K L M N O P Q R S T U V W X Y Z A B C D E

G H I J K L M N O P Q R   T U V W X Y Z A B C D E F

H I J K L M N O P Q R S T U V W X Y Z A B C D E F G

  J K L M N O P Q R S T U V W X Y Z A B C D E F G H

J K L M N O P Q R S   U V W X Y Z A B C D E F G H I

K L M N O P Q R S T U V W X Y Z A B C D E F G H   J

L M N O P Q R   T U V W X Y Z A B C D E F G H I J K

M N O P Q R S T U V W X Y Z A B C D E F G H I J K L

N O P Q R S T U V   X Y Z A B C D E F G H I J K L M

O P Q R S T U V W X Y Z A B C D E F G   I J K L M N

P Q R S T U V W X Y Z   B C D E F G H I J K L M N O

Q R S   U V W X Y Z A B C D E F G H I J K L M N O P

R S T U V W X Y Z A B C D E F G H I J K L M N O P Q

S T U V W X Y Z A B C D E F G H   J K L M N O P Q R

  U V W X Y Z A B C D E F G H I J K L M N O P Q R S

U V W X Y Z A B C D E F G H I J K L M N O P Q R S T

V W X Y Z A B C D E F G H   J K L M N O P Q R S T U

W X Y Z A B C D E F G H I J K L M N O P Q R   T U V

X Y Z A B C D E F G H I J K L M N O P Q R S T U V W

Y Z A B C D E F G H   J K L M N O P Q R S T U V W X

Z A B C D E F G H I J K L M N O P Q R S   U V W X Y

A B C D E F G H   J K L M N O P Q R S T U V W X Y Z

B C D E F G H I J K L M N O P Q R   T U V W X Y Z A

C D E F G H I J K L M N O P Q R S T U V W X Y Z A B

D E F G H I J K L M N O P Q R S T U V   X Y Z A B C

E F G   I J K L M N O P Q R S T U V W X Y Z A B C D

F G H I J K L M N O P Q R S T U V W X Y Z   B C D E

G H I J K L M N O P Q R S   U V W X Y Z A B C D E F

H I J K L M N O P Q R S T U V W X Y Z A B C D E F G

  J K L M N O P Q R S T U V W X Y Z A B C D E F G H

J K L M N O P Q R S   U V W X Y Z A B C D E F G H I

K L M N O P Q R S T U V W X Y Z A B C D E F G H I J

L M N O P Q R S T U V W X Y Z A B C D E F G H   J K

M N O P Q R   T U V W X Y Z A B C D E F G H I J K L

N O P Q R S T U V W X Y Z A B C D E F G H I J K L M

O P Q R S T U V W X Y Z A B C D E F G H   J K L M N

P Q R S   U V W X Y Z A B C D E F G H I J K L M N O

ABCDEFGH JKLMNOPQRSTUVWXYZ
BCDEFGHIJKLMNOPQR TUVWXYZA
CDEFGHIJKLMNOPQRSTUVWXYZAB
DEFGHIJKLMNOPQRSTUV XYZABC
EFG IJKLMNOPQRSTUVWXYZABCD
FGHIJKLMNOPQRSTUVWXYZ BCDE
GHIJKLMNOPQRS UVWXYZABCDEF
HIJKLMNOPQRSTUVWXYZABCDEFG
 JKLMNOPQRSTUVWXYZABCDEFGH
JKLMNOPQRS UVWXYZABCDEFGHI
KLMNOPQRSTUVWXYZABCDEFGHIJ
LMNOPQRSTUVWXYZABCDEFGH JK
MNOPQR TUVWXYZABCDEFGHIJKL
NOPQRSTUVWXYZABCDEFGHIJKLM
OPQRSTUVWXYZABCDEFGH JKLMN
PQRS UVWXYZABCDEFGHIJKLMNO

```
A B C D E F G H   J K L M N O P Q R S T U V W X Y Z
B C D E F G H I J K L M N O P Q R   T U V W X Y Z A
C D E F G H I J K L M N O P Q R S T U V W X Y Z A B
D E F G H I J K L M N O P Q R S T U V   X Y Z A B C
E F G   I J K L M N O P Q R S T U V W X Y Z A B C D
F G H I J K L M N O P Q R S T U V W X Y Z   B C D E
G H I J K L M N O P Q R S   U V W X Y Z A B C D E F
H I J K L M N O P Q R S T U V W X Y Z A B C D E F G
  J K L M N O P Q R S T U V W X Y Z A B C D E F G H
J K L M N O P Q R S   U V W X Y Z A B C D E F G H I
K L M N O P Q R S T U V W X Y Z A B C D E F G H I J
L M N O P Q R S T U V W X Y Z A B C D E F G H   J K
M N O P Q R   T U V W X Y Z A B C D E F G H I J K L
N O P Q R S T U V W X Y Z A B C D E F G H I J K L M
O P Q R S T U V W X Y Z A B C D E F G H   J K L M N
P Q R S   U V W X Y Z A B C D E F G H I J K L M N O
```

ABCDEFGH JKLMNOPQRSTUVWXYZ
BCDEFGHIJKLMNOPQR TUVWXYZA
CDEFGHIJKLMNOPQRSTUVWXYZAB
DEFGHIJKLMNOPQRSTUV XYZABC
EFG IJKLMNOPQRSTUVWXYZABCD
FGHIJKLMNOPQRSTUVWXYZ BCDE
GHIJKLMNOPQRS UVWXYZABCDEF
HIJKLMNOPQRSTUVWXYZABCDEFG
 JKLMNOPQRSTUVWXYZABCDEFGH
JKLMNOPQRS UVWXYZABCDEFGHI
KLMNOPQRSTUVWXYZABCDEFGHIJ
LMNOPQRSTUVWXYZABCDEFGH JK
MNOPQR TUVWXYZABCDEFGHIJKL
NOPQRSTUVWXYZABCDEFGHIJKLM
OPQRSTUVWXYZABCDEFGH JKLMN
PQRS UVWXYZABCDEFGHIJKLMNO

QRSTUVWXYZABCDEFGH JKLMNOP
R TUVWXYZABCDEFGHIJKLMNOPQ
STUVWXYZABCDEFGHIJKLMNOPQR
TUV XYZABCDEFGHIJKLMNOPQRS
UVWXYZABCDEFG IJKLMNOPQRST
VWXYZ BCDEFGHIJKLMNOPQRSTU
WXYZABCDEFGHIJKLMNOPQRS UV
XYZABCDEFGHIJKLMNOPQRSTUVW
YZABCDEFGH JKLMNOPQRSTUVWX
ZABCDEFGHIJKLMNOPQRS UVWXY
ABCDEFGHIJKLMNOPQRSTUVWXYZ
BCDEFGH JKLMNOPQRSTUVWXYZA
CDEFGHIJKLMNOPQR TUVWXYZAB
DEFGHIJKLMNOPQRSTUVWXYZABC
EFGH JKLMNOPQRSTUVWXYZABCD
FGHIJKLMNOPQRS UVWXYZABCDE

KLMNOPQRSTUVWXYZABCDEFGH J
LMNOPQR TUVWXYZABCDEFGHIJK
MNOPQRSTUVWXYZABCDEFGHIJKL
NOPQRSTUV XYZABCDEFGHIJKLM
OPQRSTUVWXYZABCDEFG IJKLMN
PQRSTUVWXYZ BCDEFGHIJKLMNO
QRS UVWXYZABCDEFGHIJKLMNOP
RSTUVWXYZABCDEFGHIJKLMNOPQ
STUVWXYZABCDEFGH JKLMNOPQR
 UVWXYZABCDEFGHIJKLMNOPQRS
UVWXYZABCDEFGHIJKLMNOPQRST
VWXYZABCDEFGH JKLMNOPQRSTU
WXYZABCDEFGHIJKLMNOPQR TUV
XYZABCDEFGHIJKLMNOPQRSTUVW
YZABCDEFGH JKLMNOPQRSTUVWX
ZABCDEFGHIJKLMNOPQRS UVWXY

ABCDEFGH JKLMNOPQRSTUVWXYZ
BCDEFGHIJKLMNOPQR TUVWXYZA
CDEFGHIJKLMNOPQRSTUVWXYZAB
DEFGHIJKLMNOPQRSTUV XYZABC
EFG IJKLMNOPQRSTUVWXYZABCD
FGHIJKLMNOPQRSTUVWXYZ BCDE
GHIJKLMNOPQRS UVWXYZABCDEF
HIJKLMNOPQRSTUVWXYZABCDEFG
 JKLMNOPQRSTUVWXYZABCDEFGH
JKLMNOPQRS UVWXYZABCDEFGHI
KLMNOPQRSTUVWXYZABCDEFGHIJ
LMNOPQRSTUVWXYZABCDEFGH JK
MNOPQR TUVWXYZABCDEFGHIJKL
NOPQRSTUVWXYZABCDEFGHIJKLM
OPQRSTUVWXYZABCDEFGH JKLMN
PQRS UVWXYZABCDEFGHIJKLMNO

ABCDEFGH JKLMNOPQRSTUVWXYZ
BCDEFGHIJKLMNOPQR TUVWXYZA
CDEFGHIJKLMNOPQRSTUVWXYZAB
DEFGHIJKLMNOPQRSTUV XYZABC
EFG IJKLMNOPQRSTUVWXYZABCD
FGHIJKLMNOPQRSTUVWXYZ BCDE
GHIJKLMNOPQRS UVWXYZABCDEF
HIJKLMNOPQRSTUVWXYZABCDEFG
 JKLMNOPQRSTUVWXYZABCDEFGH
JKLMNOPQRS UVWXYZABCDEFGHI
KLMNOPQRSTUVWXYZABCDEFGHIJ
LMNOPQRSTUVWXYZABCDEFGH JK
MNOPQR TUVWXYZABCDEFGHIJKL
NOPQRSTUVWXYZABCDEFGHIJKLM
OPQRSTUVWXYZABCDEFGH JKLMN
PQRS UVWXYZABCDEFGHIJKLMNO

QRSTUVWXYZABCDEFGH JKLMNOP
R TUVWXYZABCDEFGHIJKLMNOPQ
STUVWXYZABCDEFGHIJKLMNOPQR
TUV XYZABCDEFGHIJKLMNOPQRS
UVWXYZABCDEFG IJKLMNOPQRST
VWXYZ BCDEFGHIJKLMNOPQRSTU
WXYZABCDEFGHIJKLMNOPQRS UV
XYZABCDEFGHIJKLMNOPQRSTUVW
YZABCDEFGH JKLMNOPQRSTUVWX
ZABCDEFGHIJKLMNOPQRS UVWXY
ABCDEFGHIJKLMNOPQRSTUVWXYZ
BCDEFGH JKLMNOPQRSTUVWXYZA
CDEFGHIJKLMNOPQR TUVWXYZAB
DEFGHIJKLMNOPQRSTUVWXYZABC
EFGH JKLMNOPQRSTUVWXYZABCD
FGHIJKLMNOPQRS UVWXYZABCDE

GH JKLMNOPQRSTUVWXYZABCDEF
HIJKLMNOPQR TUVWXYZABCDEFG
IJKLMNOPQRSTUVWXYZABCDEFGH
JKLMNOPQRSTUV XYZABCDEFGHI
KLMNOPQRSTUVWXYZABCDEFG IJ
LMNOPQRSTUVWXYZ BCDEFGHIJK
MNOPQRS UVWXYZABCDEFGHIJKL
NOPQRSTUVWXYZABCDEFGHIJKLM
OPQRSTUVWXYZABCDEFGH JKLMN
PQRS UVWXYZABCDEFGHIJKLMNO
QRSTUVWXYZABCDEFGHIJKLMNOP
RSTUVWXYZABCDEFGH JKLMNOPQ
 TUVWXYZABCDEFGHIJKLMNOPQR
TUVWXYZABCDEFGHIJKLMNOPQRS
UVWXYZABCDEFGH JKLMNOPQRST
VWXYZABCDEFGHIJKLMNOPQRS U

UVWXYZABCDEFGH JKLMNOPQRST
VWXYZABCDEFGHIJKLMNOPQR TU
WXYZABCDEFGHIJKLMNOPQRSTUV
XYZABCDEFGHIJKLMNOPQRSTUV
YZABCDEFG IJKLMNOPQRSTUVWX
Z BCDEFGHIJKLMNOPQRSTUVWXY
ABCDEFGHIJKLMNOPQRS UVWXYZ
BCDEFGHIJKLMNOPQRSTUVWXYZA
CDEFGH JKLMNOPQRSTUVWXYZAB
DEFGHIJKLMNOPQRS UVWXYZABC
EFGHIJKLMNOPQRSTUVWXYZABCD
FGH JKLMNOPQRSTUVWXYZABCDE
GHIJKLMNOPQR TUVWXYZABCDEF
HIJKLMNOPQRSTUVWXYZABCDEFG
 JKLMNOPQRSTUVWXYZABCDEFGH
JKLMNOPQRS UVWXYZABCDEFGHI

KLMNOPQRSTUVWXYZABCDEFGH J
LMNOPQR TUVWXYZABCDEFGHIJK
MNOPQRSTUVWXYZABCDEFGHIJKL
NOPQRSTUV XYZABCDEFGHIJKLM
OPQRSTUVWXYZABCDEFG IJKLMN
PQRSTUVWXYZ BCDEFGHIJKLMNO
QRS UVWXYZABCDEFGHIJKLMNOP
RSTUVWXYZABCDEFGHIJKLMNOPQ
STUVWXYZABCDEFGH JKLMNOPQR
 UVWXYZABCDEFGHIJKLMNOPQRS
UVWXYZABCDEFGHIJKLMNOPQRST
VWXYZABCDEFGH JKLMNOPQRSTU
WXYZABCDEFGHIJKLMNOPQR TUV
XYZABCDEFGHIJKLMNOPQRSTUVW
YZABCDEFGH JKLMNOPQRSTUVWX
ZABCDEFGHIJKLMNOPQRS UVWXY

ABCDEFGH JKLMNOPQRSTUVWXYZ
BCDEFGHIJKLMNOPQR TUVWXYZA
CDEFGHIJKLMNOPQRSTUVWXYZAB
DEFGHIJKLMNOPQRSTUV XYZABC
EFG IJKLMNOPQRSTUVWXYZABCD
FGHIJKLMNOPQRSTUVWXYZ BCDE
GHIJKLMNOPQRS UVWXYZABCDEF
HIJKLMNOPQRSTUVWXYZABCDEFG
 JKLMNOPQRSTUVWXYZABCDEFGH
JKLMNOPQRS UVWXYZABCDEFGHI
KLMNOPQRSTUVWXYZABCDEFGHIJ
LMNOPQRSTUVWXYZABCDEFGH JK
MNOPQR TUVWXYZABCDEFGHIJKL
NOPQRSTUVWXYZABCDEFGHIJKLM
OPQRSTUVWXYZABCDEFGH JKLMN
PQRS UVWXYZABCDEFGHIJKLMNO

ABCDEFGH JKLMNOPQRSTUVWXYZ
BCDEFGHIJKLMNOPQR TUVWXYZA
CDEFGHIJKLMNOPQRSTUVWXYZAB
DEFGHIJKLMNOPQRSTUV XYZABC
EFG IJKLMNOPQRSTUVWXYZABCD
FGHIJKLMNOPQRSTUVWXYZ BCDE
GHIJKLMNOPQRS UVWXYZABCDEF
HIJKLMNOPQRSTUVWXYZABCDEFG
 JKLMNOPQRSTUVWXYZABCDEFGH
JKLMNOPQRS UVWXYZABCDEFGHI
KLMNOPQRSTUVWXYZABCDEFGHIJ
LMNOPQRSTUVWXYZABCDEFGH JK
MNOPQR TUVWXYZABCDEFGHIJKL
NOPQRSTUVWXYZABCDEFGHIJKLM
OPQRSTUVWXYZABCDEFGH JKLMN
PQRS UVWXYZABCDEFGHIJKLMNO

QRSTUVWXYZABCDEFGH JKLMNOP
R TUVWXYZABCDEFGHIJKLMNOPQ
STUVWXYZABCDEFGHIJKLMNOPQR
TUV XYZABCDEFGHIJKLMNOPQRS
UVWXYZABCDEFG IJKLMNOPQRST
VWXYZ BCDEFGHIJKLMNOPQRSTU
WXYZABCDEFGHIJKLMNOPQRS UV
XYZABCDEFGHIJKLMNOPQRSTUVW
YZABCDEFGH JKLMNOPQRSTUVWX
ZABCDEFGHIJKLMNOPQRS UVWXY
ABCDEFGHIJKLMNOPQRSTUVWXYZ
BCDEFGH JKLMNOPQRSTUVWXYZA
CDEFGHIJKLMNOPQR TUVWXYZAB
DEFGHIJKLMNOPQRSTUVWXYZABC
EFGH JKLMNOPQRSTUVWXYZABCD
FGHIJKLMNOPQRS UVWXYZABCDE

GH JKLMNOPQRSTUVWXYZABCDEF
HIJKLMNOPQR TUVWXYZABCDEFG
IJKLMNOPQRSTUVWXYZABCDEFGH
JKLMNOPQRSTUV XYZABCDEFGHI
KLMNOPQRSTUVWXYZABCDEFG IJ
LMNOPQRSTUVWXYZ BCDEFGHIJK
MNOPQRS UVWXYZABCDEFGHIJKL
NOPQRSTUVWXYZABCDEFGHIJKLM
OPQRSTUVWXYZABCDEFGH JKLMN
PQRS UVWXYZABCDEFGHIJKLMNO
QRSTUVWXYZABCDEFGHIJKLMNOP
RSTUVWXYZABCDEFGH JKLMNOPQ
 TUVWXYZABCDEFGHIJKLMNOPQR
TUVWXYZABCDEFGHIJKLMNOPQRS
UVWXYZABCDEFGH JKLMNOPQRST
VWXYZABCDEFGHIJKLMNOPQRS U

WXYZABCDEFGH JKLMNOPQRSTUV
XYZABCDEFGHIJKLMNOPQR TUVW
YZABCDEFGHIJKLMNOPQRSTUVWX
ZABCDEFGHIJKLMNOPQRSTUV XY
ABCDEFG IJKLMNOPQRSTUVWXYZ
BCDEFGHIJKLMNOPQRSTUVWXYZ
CDEFGHIJKLMNOPQRS UVWXYZAB
DEFGHIJKLMNOPQRSTUVWXYZABC
EFGH JKLMNOPQRSTUVWXYZABCD
FGHIJKLMNOPQRS UVWXYZABCDE
GHIJKLMNOPQRSTUVWXYZABCDEF
H JKLMNOPQRSTUVWXYZABCDEFG
IJKLMNOPQR TUVWXYZABCDEFGH
JKLMNOPQRSTUVWXYZABCDEFGHI
KLMNOPQRSTUVWXYZABCDEFGH J
LMNOPQRS UVWXYZABCDEFGHIJK

EFGH JKLMNOPQRSTUVWXYZABCD
FGHIJKLMNOPQR TUVWXYZABCDE
GHIJKLMNOPQRSTUVWXYZABCDEF
HIJKLMNOPQRSTUV XYZABCDEFG
IJKLMNOPQRSTUVWXYZABCDEFG
JKLMNOPQRSTUVWXYZ BCDEFGHI
KLMNOPQRS UVWXYZABCDEFGHIJ
LMNOPQRSTUVWXYZABCDEFGHIJK
MNOPQRSTUVWXYZABCDEFGH JKL
NOPQRS UVWXYZABCDEFGHIJKLM
OPQRSTUVWXYZABCDEFGHIJKLMN
PQRSTUVWXYZABCDEFGH JKLMNO
QR TUVWXYZABCDEFGHIJKLMNOP
RSTUVWXYZABCDEFGHIJKLMNOPQ
STUVWXYZABCDEFGH JKLMNOPQR
 UVWXYZABCDEFGHIJKLMNOPQRS

UVWXYZABCDEFGH JKLMNOPQRST
VWXYZABCDEFGHIJKLMNOPQR TU
WXYZABCDEFGHIJKLMNOPQRSTUV
XYZABCDEFGHIJKLMNOPQRSTUV
YZABCDEFG IJKLMNOPQRSTUVWX
Z BCDEFGHIJKLMNOPQRSTUVWXY
ABCDEFGHIJKLMNOPQRS UVWXYZ
BCDEFGHIJKLMNOPQRSTUVWXYZA
CDEFGH JKLMNOPQRSTUVWXYZAB
DEFGHIJKLMNOPQRS UVWXYZABC
EFGHIJKLMNOPQRSTUVWXYZABCD
FGH JKLMNOPQRSTUVWXYZABCDE
GHIJKLMNOPQR TUVWXYZABCDEF
HIJKLMNOPQRSTUVWXYZABCDEFG
 JKLMNOPQRSTUVWXYZABCDEFGH
JKLMNOPQRS UVWXYZABCDEFGHI

KLMNOPQRSTUVWXYZABCDEFGH J
LMNOPQR TUVWXYZABCDEFGHIJK
MNOPQRSTUVWXYZABCDEFGHIJKL
NOPQRSTUV XYZABCDEFGHIJKLM
OPQRSTUVWXYZABCDEFG IJKLMN
PQRSTUVWXYZ BCDEFGHIJKLMNO
QRS UVWXYZABCDEFGHIJKLMNOP
RSTUVWXYZABCDEFGHIJKLMNOPQ
STUVWXYZABCDEFGH JKLMNOPQR
 UVWXYZABCDEFGHIJKLMNOPQRS
UVWXYZABCDEFGHIJKLMNOPQRST
VWXYZABCDEFGH JKLMNOPQRSTU
WXYZABCDEFGHIJKLMNOPQR TUV
XYZABCDEFGHIJKLMNOPQRSTUVW
YZABCDEFGH JKLMNOPQRSTUVWX
ZABCDEFGHIJKLMNOPQRS UVWXY

ABCDEFGH JKLMNOPQRSTUVWXYZ
BCDEFGHIJKLMNOPQR TUVWXYZA
CDEFGHIJKLMNOPQRSTUVWXYZAB
DEFGHIJKLMNOPQRSTUV XYZABC
EFG IJKLMNOPQRSTUVWXYZABCD
FGHIJKLMNOPQRSTUVWXYZ BCDE
GHIJKLMNOPQRS UVWXYZABCDEF
HIJKLMNOPQRSTUVWXYZABCDEFG
 JKLMNOPQRSTUVWXYZABCDEFGH
JKLMNOPQRS UVWXYZABCDEFGHI
KLMNOPQRSTUVWXYZABCDEFGHIJ
LMNOPQRSTUVWXYZABCDEFGH JK
MNOPQR TUVWXYZABCDEFGHIJKL
NOPQRSTUVWXYZABCDEFGHIJKLM
OPQRSTUVWXYZABCDEFGH JKLMN
PQRS UVWXYZABCDEFGHIJKLMNO

ABCDEFGH JKLMNOPQRSTUVWXYZ
BCDEFGHIJKLMNOPQR TUVWXYZA
CDEFGHIJKLMNOPQRSTUVWXYZAB
DEFGHIJKLMNOPQRSTUV XYZABC
EFG IJKLMNOPQRSTUVWXYZABCD
FGHIJKLMNOPQRSTUVWXYZ BCDE
GHIJKLMNOPQRS UVWXYZABCDEF
HIJKLMNOPQRSTUVWXYZABCDEFG
 JKLMNOPQRSTUVWXYZABCDEFGH
JKLMNOPQRS UVWXYZABCDEFGHI
KLMNOPQRSTUVWXYZABCDEFGHIJ
LMNOPQRSTUVWXYZABCDEFGH JK
MNOPQR TUVWXYZABCDEFGHIJKL
NOPQRSTUVWXYZABCDEFGHIJKLM
OPQRSTUVWXYZABCDEFGH JKLMN
PQRS UVWXYZABCDEFGHIJKLMNO

QRSTUVWXYZABCDEFGH JKLMNOP
R TUVWXYZABCDEFGHIJKLMNOPQ
STUVWXYZABCDEFGHIJKLMNOPQR
TUV XYZABCDEFGHIJKLMNOPQRS
UVWXYZABCDEFG IJKLMNOPQRST
VWXYZ BCDEFGHIJKLMNOPQRSTU
WXYZABCDEFGHIJKLMNOPQRS UV
XYZABCDEFGHIJKLMNOPQRSTUVW
YZABCDEFGH JKLMNOPQRSTUVWX
ZABCDEFGHIJKLMNOPQRS UVWXY
ABCDEFGHIJKLMNOPQRSTUVWXYZ
BCDEFGH JKLMNOPQRSTUVWXYZA
CDEFGHIJKLMNOPQR TUVWXYZAB
DEFGHIJKLMNOPQRSTUVWXYZABC
EFGH JKLMNOPQRSTUVWXYZABCD
FGHIJKLMNOPQRS UVWXYZABCDE

GH JKLMNOPQRSTUVWXYZABCDEF
HIJKLMNOPQR TUVWXYZABCDEFG
IJKLMNOPQRSTUVWXYZABCDEFGH
JKLMNOPQRSTUV XYZABCDEFGHI
KLMNOPQRSTUVWXYZABCDEFG IJ
LMNOPQRSTUVWXYZ BCDEFGHIJK
MNOPQRS UVWXYZABCDEFGHIJKL
NOPQRSTUVWXYZABCDEFGHIJKLM
OPQRSTUVWXYZABCDEFGH JKLMN
PQRS UVWXYZABCDEFGHIJKLMNO
QRSTUVWXYZABCDEFGHIJKLMNOP
RSTUVWXYZABCDEFGH JKLMNOPQ
 TUVWXYZABCDEFGHIJKLMNOPQR
TUVWXYZABCDEFGHIJKLMNOPQRS
UVWXYZABCDEFGH JKLMNOPQRST
VWXYZABCDEFGHIJKLMNOPQRS U

WXYZABCDEFGH JKLMNOPQRSTUV
XYZABCDEFGHIJKLMNOPQR TUVW
YZABCDEFGHIJKLMNOPQRSTUVWX
ZABCDEFGHIJKLMNOPQRSTUV XY
ABCDEFG IJKLMNOPQRSTUVWXYZ
BCDEFGHIJKLMNOPQRSTUVWXYZ
CDEFGHIJKLMNOPQRS UVWXYZAB
DEFGHIJKLMNOPQRSTUVWXYZABC
EFGH JKLMNOPQRSTUVWXYZABCD
FGHIJKLMNOPQRS UVWXYZABCDE
GHIJKLMNOPQRSTUVWXYZABCDEF
H JKLMNOPQRSTUVWXYZABCDEFG
IJKLMNOPQR TUVWXYZABCDEFGH
JKLMNOPQRSTUVWXYZABCDEFGHI
KLMNOPQRSTUVWXYZABCDEFGH J
LMNOPQRS UVWXYZABCDEFGHIJK

MNOPQRSTUVWXYZABCDEFGH JKL
NOPQR TUVWXYZABCDEFGHIJKLM
OPQRSTUVWXYZABCDEFGHIJKLMN
PQRSTUV XYZABCDEFGHIJKLMNO
QRSTUVWXYZABCDEFG IJKLMNOP
RSTUVWXYZ BCDEFGHIJKLMNOPQ
S UVWXYZABCDEFGHIJKLMNOPQR
TUVWXYZABCDEFGHIJKLMNOPQRS
UVWXYZABCDEFGH JKLMNOPQRST
VWXYZABCDEFGHIJKLMNOPQRS U
WXYZABCDEFGHIJKLMNOPQRSTUV
XYZABCDEFGH JKLMNOPQRSTUVW
YZABCDEFGHIJKLMNOPQR TUVWX
ZABCDEFGHIJKLMNOPQRSTUVWXY
ABCDEFGH JKLMNOPQRSTUVWXYZ
BCDEFGHIJKLMNOPQRS UVWXYZA

OPQRSTUVWXYZABCDEFGH JKLMN
PQR TUVWXYZABCDEFGHIJKLMNO
QRSTUVWXYZABCDEFGHIJKLMNOP
RSTUV XYZABCDEFGHIJKLMNOPQ
STUVWXYZABCDEFG IJKLMNOPQR
TUVWXYZ BCDEFGHIJKLMNOPQRS
UVWXYZABCDEFGHIJKLMNOPQRS
VWXYZABCDEFGHIJKLMNOPQRSTU
WXYZABCDEFGH JKLMNOPQRSTUV
XYZABCDEFGHIJKLMNOPQRS UVW
YZABCDEFGHIJKLMNOPQRSTUVWX
ZABCDEFGH JKLMNOPQRSTUVWXY
ABCDEFGHIJKLMNOPQR TUVWXYZ
BCDEFGHIJKLMNOPQRSTUVWXYZA
CDEFGH JKLMNOPQRSTUVWXYZAB
DEFGHIJKLMNOPQRS UVWXYZABC

EFGH JKLMNOPQRSTUVWXYZABCD
FGHIJKLMNOPQR TUVWXYZABCDE
GHIJKLMNOPQRSTUVWXYZABCDEF
HIJKLMNOPQRSTUV XYZABCDEFG
IJKLMNOPQRSTUVWXYZABCDEFG
JKLMNOPQRSTUVWXYZ BCDEFGHI
KLMNOPQRS UVWXYZABCDEFGHIJ
LMNOPQRSTUVWXYZABCDEFGHIJK
MNOPQRSTUVWXYZABCDEFGH JKL
NOPQRS UVWXYZABCDEFGHIJKLM
OPQRSTUVWXYZABCDEFGHIJKLMN
PQRSTUVWXYZABCDEFGH JKLMNO
QR TUVWXYZABCDEFGHIJKLMNOP
RSTUVWXYZABCDEFGHIJKLMNOPQ
STUVWXYZABCDEFGH JKLMNOPQR
 UVWXYZABCDEFGHIJKLMNOPQRS

UVWXYZABCDEFGH JKLMNOPQRST
VWXYZABCDEFGHIJKLMNOPQR TU
WXYZABCDEFGHIJKLMNOPQRSTUV
XYZABCDEFGHIJKLMNOPQRSTUV
YZABCDEFG IJKLMNOPQRSTUVWX
Z BCDEFGHIJKLMNOPQRSTUVWXY
ABCDEFGHIJKLMNOPQRS UVWXYZ
BCDEFGHIJKLMNOPQRSTUVWXYZA
CDEFGH JKLMNOPQRSTUVWXYZAB
DEFGHIJKLMNOPQRS UVWXYZABC
EFGHIJKLMNOPQRSTUVWXYZABCD
FGH JKLMNOPQRSTUVWXYZABCDE
GHIJKLMNOPQR TUVWXYZABCDEF
HIJKLMNOPQRSTUVWXYZABCDEFG
 JKLMNOPQRSTUVWXYZABCDEFGH
JKLMNOPQRS UVWXYZABCDEFGHI

KLMNOPQRSTUVWXYZABCDEFGH J
LMNOPQR TUVWXYZABCDEFGHIJK
MNOPQRSTUVWXYZABCDEFGHIJKL
NOPQRSTUV XYZABCDEFGHIJKLM
OPQRSTUVWXYZABCDEFG IJKLMN
PQRSTUVWXYZ BCDEFGHIJKLMNO
QRS UVWXYZABCDEFGHIJKLMNOP
RSTUVWXYZABCDEFGHIJKLMNOPQ
STUVWXYZABCDEFGH JKLMNOPQR
 UVWXYZABCDEFGHIJKLMNOPQRS
UVWXYZABCDEFGHIJKLMNOPQRST
VWXYZABCDEFGH JKLMNOPQRSTU
WXYZABCDEFGHIJKLMNOPQR TUV
XYZABCDEFGHIJKLMNOPQRSTUVW
YZABCDEFGH JKLMNOPQRSTUVWX
ZABCDEFGHIJKLMNOPQRS UVWXY

ABCDEFGH JKLMNOPQRSTUVWXYZ
BCDEFGHIJKLMNOPQR TUVWXYZA
CDEFGHIJKLMNOPQRSTUVWXYZAB
DEFGHIJKLMNOPQRSTUV XYZABC
EFG IJKLMNOPQRSTUVWXYZABCD
FGHIJKLMNOPQRSTUVWXYZ BCDE
GHIJKLMNOPQRS UVWXYZABCDEF
HIJKLMNOPQRSTUVWXYZABCDEFG
 JKLMNOPQRSTUVWXYZABCDEFGH
JKLMNOPQRS UVWXYZABCDEFGHI
KLMNOPQRSTUVWXYZABCDEFGHIJ
LMNOPQRSTUVWXYZABCDEFGH JK
MNOPQR TUVWXYZABCDEFGHIJKL
NOPQRSTUVWXYZABCDEFGHIJKLM
OPQRSTUVWXYZABCDEFGH JKLMN
PQRS UVWXYZABCDEFGHIJKLMNO

ABCDEFGH JKLMNOPQRSTUVWXYZ
BCDEFGHIJKLMNOPQR TUVWXYZA
CDEFGHIJKLMNOPQRSTUVWXYZAB
DEFGHIJKLMNOPQRSTUV XYZABC
EFG IJKLMNOPQRSTUVWXYZABCD
FGHIJKLMNOPQRSTUVWXYZ BCDE
GHIJKLMNOPQRS UVWXYZABCDEF
HIJKLMNOPQRSTUVWXYZABCDEFG
 JKLMNOPQRSTUVWXYZABCDEFGH
JKLMNOPQRS UVWXYZABCDEFGHI
KLMNOPQRSTUVWXYZABCDEFGHIJ
LMNOPQRSTUVWXYZABCDEFGH JK
MNOPQR TUVWXYZABCDEFGHIJKL
NOPQRSTUVWXYZABCDEFGHIJKLM
OPQRSTUVWXYZABCDEFGH JKLMN
PQRS UVWXYZABCDEFGHIJKLMNO

QRSTUVWXYZABCDEFGH JKLMNOP
R TUVWXYZABCDEFGHIJKLMNOPQ
STUVWXYZABCDEFGHIJKLMNOPQR
TUV XYZABCDEFGHIJKLMNOPQRS
UVWXYZABCDEFG IJKLMNOPQRST
VWXYZ BCDEFGHIJKLMNOPQRSTU
WXYZABCDEFGHIJKLMNOPQRS UV
XYZABCDEFGHIJKLMNOPQRSTUVW
YZABCDEFGH JKLMNOPQRSTUVWX
ZABCDEFGHIJKLMNOPQRS UVWXY
ABCDEFGHIJKLMNOPQRSTUVWXYZ
BCDEFGH JKLMNOPQRSTUVWXYZA
CDEFGHIJKLMNOPQR TUVWXYZAB
DEFGHIJKLMNOPQRSTUVWXYZABC
EFGH JKLMNOPQRSTUVWXYZABCD
FGHIJKLMNOPQRS UVWXYZABCDE

GH JKLMNOPQRSTUVWXYZABCDEF
HIJKLMNOPQR TUVWXYZABCDEFG
IJKLMNOPQRSTUVWXYZABCDEFGH
JKLMNOPQRSTUV XYZABCDEFGHI
KLMNOPQRSTUVWXYZABCDEFG IJ
LMNOPQRSTUVWXYZ BCDEFGHIJK
MNOPQRS UVWXYZABCDEFGHIJKL
NOPQRSTUVWXYZABCDEFGHIJKLM
OPQRSTUVWXYZABCDEFGH JKLMN
PQRS UVWXYZABCDEFGHIJKLMNO
QRSTUVWXYZABCDEFGHIJKLMNOP
RSTUVWXYZABCDEFGH JKLMNOPQ
 TUVWXYZABCDEFGHIJKLMNOPQR
TUVWXYZABCDEFGHIJKLMNOPQRS
UVWXYZABCDEFGH JKLMNOPQRST
VWXYZABCDEFGHIJKLMNOPQRS U

WXYZABCDEFGH JKLMNOPQRSTUV
XYZABCDEFGHIJKLMNOPQR TUVW
YZABCDEFGHIJKLMNOPQRSTUVWX
ZABCDEFGHIJKLMNOPQRSTUV XY
ABCDEFG IJKLMNOPQRSTUVWXYZ
BCDEFGHIJKLMNOPQRSTUVWXYZ
CDEFGHIJKLMNOPQRS UVWXYZAB
DEFGHIJKLMNOPQRSTUVWXYZABC
EFGH JKLMNOPQRSTUVWXYZABCD
FGHIJKLMNOPQRS UVWXYZABCDE
GHIJKLMNOPQRSTUVWXYZABCDEF
H JKLMNOPQRSTUVWXYZABCDEFG
IJKLMNOPQR TUVWXYZABCDEFGH
JKLMNOPQRSTUVWXYZABCDEFGHI
KLMNOPQRSTUVWXYZABCDEFGH J
LMNOPQRS UVWXYZABCDEFGHIJK

MNOPQRSTUVWXYZABCDEFGH JKL
NOPQR TUVWXYZABCDEFGHIJKLM
OPQRSTUVWXYZABCDEFGHIJKLMN
PQRSTUV XYZABCDEFGHIJKLMNO
QRSTUVWXYZABCDEFG IJKLMNOP
RSTUVWXYZ BCDEFGHIJKLMNOPQ
S UVWXYZABCDEFGHIJKLMNOPQR
TUVWXYZABCDEFGHIJKLMNOPQRS
UVWXYZABCDEFGH JKLMNOPQRST
VWXYZABCDEFGHIJKLMNOPQRS U
WXYZABCDEFGHIJKLMNOPQRSTUV
XYZABCDEFGH JKLMNOPQRSTUVW
YZABCDEFGHIJKLMNOPQR TUVWX
ZABCDEFGHIJKLMNOPQRSTUVWXY
ABCDEFGH JKLMNOPQRSTUVWXYZ
BCDEFGHIJKLMNOPQRS UVWXYZA

CDEFGH JKLMNOPQRSTUVWXYZAB
DEFGHIJKLMNOPQR TUVWXYZABC
EFGHIJKLMNOPQRSTUVWXYZABCD
FGHIJKLMNOPQRSTUV XYZABCDE
G IJKLMNOPQRSTUVWXYZABCDEF
HIJKLMNOPQRSTUVWXYZ BCDEFG
IJKLMNOPQRS UVWXYZABCDEFGH
JKLMNOPQRSTUVWXYZABCDEFGHI
KLMNOPQRSTUVWXYZABCDEFGH J
LMNOPQRS UVWXYZABCDEFGHIJK
MNOPQRSTUVWXYZABCDEFGHIJKL
NOPQRSTUVWXYZABCDEFGH JKLM
OPQR TUVWXYZABCDEFGHIJKLMN
PQRSTUVWXYZABCDEFGHIJKLMNO
QRSTUVWXYZABCDEFGH JKLMNOP
RS UVWXYZABCDEFGHIJKLMNOPQ

YZABCDEFGH JKLMNOPQRSTUVWX
ZABCDEFGHIJKLMNOPQR TUVWXY
ABCDEFGHIJKLMNOPQRSTUVWXYZ
BCDEFGHIJKLMNOPQRSTUV XYZA
CDEFG IJKLMNOPQRSTUVWXYZAB
DEFGHIJKLMNOPQRSTUVWXYZ BC
EFGHIJKLMNOPQRS UVWXYZABCD
FGHIJKLMNOPQRSTUVWXYZABCDE
GH JKLMNOPQRSTUVWXYZABCDEF
HIJKLMNOPQRS UVWXYZABCDEFG
IJKLMNOPQRSTUVWXYZABCDEFGH
JKLMNOPQRSTUVWXYZABCDEFGH
KLMNOPQR TUVWXYZABCDEFGHIJ
LMNOPQRSTUVWXYZABCDEFGHIJK
MNOPQRSTUVWXYZABCDEFGH JKL
NOPQRS UVWXYZABCDEFGHIJKLM

OPQRSTUVWXYZABCDEFGH JKLMN
PQR TUVWXYZABCDEFGHIJKLMNO
QRSTUVWXYZABCDEFGHIJKLMNOP
RSTUV XYZABCDEFGHIJKLMNOPQ
STUVWXYZABCDEFG IJKLMNOPQR
TUVWXYZ BCDEFGHIJKLMNOPQRS
UVWXYZABCDEFGHIJKLMNOPQRS
VWXYZABCDEFGHIJKLMNOPQRSTU
WXYZABCDEFGH JKLMNOPQRSTUV
XYZABCDEFGHIJKLMNOPQRS UVW
YZABCDEFGHIJKLMNOPQRSTUVWX
ZABCDEFGH JKLMNOPQRSTUVWXY
ABCDEFGHIJKLMNOPQR TUVWXYZ
BCDEFGHIJKLMNOPQRSTUVWXYZA
CDEFGH JKLMNOPQRSTUVWXYZAB
DEFGHIJKLMNOPQRS UVWXYZABC

EFGH JKLMNOPQRSTUVWXYZABCD
FGHIJKLMNOPQR TUVWXYZABCDE
GHIJKLMNOPQRSTUVWXYZABCDEF
HIJKLMNOPQRSTUV XYZABCDEFG
IJKLMNOPQRSTUVWXYZABCDEFG
JKLMNOPQRSTUVWXYZ BCDEFGHI
KLMNOPQRS UVWXYZABCDEFGHIJ
LMNOPQRSTUVWXYZABCDEFGHIJK
MNOPQRSTUVWXYZABCDEFGH JKL
NOPQRS UVWXYZABCDEFGHIJKLM
OPQRSTUVWXYZABCDEFGHIJKLMN
PQRSTUVWXYZABCDEFGH JKLMNO
QR TUVWXYZABCDEFGHIJKLMNOP
RSTUVWXYZABCDEFGHIJKLMNOPQ
STUVWXYZABCDEFGH JKLMNOPQR
 UVWXYZABCDEFGHIJKLMNOPQRS

UVWXYZABCDEFGH JKLMNOPQRST
VWXYZABCDEFGHIJKLMNOPQR TU
WXYZABCDEFGHIJKLMNOPQRSTUV
XYZABCDEFGHIJKLMNOPQRSTUV
YZABCDEFG IJKLMNOPQRSTUVWX
Z BCDEFGHIJKLMNOPQRSTUVWXY
ABCDEFGHIJKLMNOPQRS UVWXYZ
BCDEFGHIJKLMNOPQRSTUVWXYZA
CDEFGH JKLMNOPQRSTUVWXYZAB
DEFGHIJKLMNOPQRS UVWXYZABC
EFGHIJKLMNOPQRSTUVWXYZABCD
FGH JKLMNOPQRSTUVWXYZABCDE
GHIJKLMNOPQR TUVWXYZABCDEF
HIJKLMNOPQRSTUVWXYZABCDEFG
 JKLMNOPQRSTUVWXYZABCDEFGH
JKLMNOPQRS UVWXYZABCDEFGHI

KLMNOPQRSTUVWXYZABCDEFGH J
LMNOPQR TUVWXYZABCDEFGHIJK
MNOPQRSTUVWXYZABCDEFGHIJKL
NOPQRSTUV XYZABCDEFGHIJKLM
OPQRSTUVWXYZABCDEFG IJKLMN
PQRSTUVWXYZ BCDEFGHIJKLMNO
QRS UVWXYZABCDEFGHIJKLMNOP
RSTUVWXYZABCDEFGHIJKLMNOPQ
STUVWXYZABCDEFGH JKLMNOPQR
 UVWXYZABCDEFGHIJKLMNOPQRS
UVWXYZABCDEFGHIJKLMNOPQRST
VWXYZABCDEFGH JKLMNOPQRSTU
WXYZABCDEFGHIJKLMNOPQR TUV
XYZABCDEFGHIJKLMNOPQRSTUVW
YZABCDEFGH JKLMNOPQRSTUVWX
ZABCDEFGHIJKLMNOPQRS UVWXY

ABCDEFGH JKLMNOPQRSTUVWXYZ
BCDEFGHIJKLMNOPQR TUVWXYZA
CDEFGHIJKLMNOPQRSTUVWXYZAB
DEFGHIJKLMNOPQRSTUV XYZABC
EFG IJKLMNOPQRSTUVWXYZABCD
FGHIJKLMNOPQRSTUVWXYZ BCDE
GHIJKLMNOPQRS UVWXYZABCDEF
HIJKLMNOPQRSTUVWXYZABCDEFG
 JKLMNOPQRSTUVWXYZABCDEFGH
JKLMNOPQRS UVWXYZABCDEFGHI
KLMNOPQRSTUVWXYZABCDEFGHIJ
LMNOPQRSTUVWXYZABCDEFGH JK
MNOPQR TUVWXYZABCDEFGHIJKL
NOPQRSTUVWXYZABCDEFGHIJKLM
OPQRSTUVWXYZABCDEFGH JKLMN
PQRS UVWXYZABCDEFGHIJKLMNO

ABCDEFGH JKLMNOPQRSTUVWXYZ
BCDEFGHIJKLMNOPQR TUVWXYZA
CDEFGHIJKLMNOPQRSTUVWXYZAB
DEFGHIJKLMNOPQRSTUV XYZABC
EFG IJKLMNOPQRSTUVWXYZABCD
FGHIJKLMNOPQRSTUVWXYZ BCDE
GHIJKLMNOPQRS UVWXYZABCDEF
HIJKLMNOPQRSTUVWXYZABCDEFG
 JKLMNOPQRSTUVWXYZABCDEFGH
JKLMNOPQRS UVWXYZABCDEFGHI
KLMNOPQRSTUVWXYZABCDEFGHIJ
LMNOPQRSTUVWXYZABCDEFGH JK
MNOPQR TUVWXYZABCDEFGHIJKL
NOPQRSTUVWXYZABCDEFGHIJKLM
OPQRSTUVWXYZABCDEFGH JKLMN
PQRS UVWXYZABCDEFGHIJKLMNO

QRSTUVWXYZABCDEFGH JKLMNOP
R TUVWXYZABCDEFGHIJKLMNOPQ
STUVWXYZABCDEFGHIJKLMNOPQR
TUV XYZABCDEFGHIJKLMNOPQRS
UVWXYZABCDEFG IJKLMNOPQRST
VWXYZ BCDEFGHIJKLMNOPQRSTU
WXYZABCDEFGHIJKLMNOPQRS UV
XYZABCDEFGHIJKLMNOPQRSTUVW
YZABCDEFGH JKLMNOPQRSTUVWX
ZABCDEFGHIJKLMNOPQRS UVWXY
ABCDEFGHIJKLMNOPQRSTUVWXYZ
BCDEFGH JKLMNOPQRSTUVWXYZA
CDEFGHIJKLMNOPQR TUVWXYZAB
DEFGHIJKLMNOPQRSTUVWXYZABC
EFGH JKLMNOPQRSTUVWXYZABCD
FGHIJKLMNOPQRS UVWXYZABCDE

GH JKLMNOPQRSTUVWXYZABCDEF
HIJKLMNOPQR TUVWXYZABCDEFG
IJKLMNOPQRSTUVWXYZABCDEFGH
JKLMNOPQRSTUV XYZABCDEFGHI
KLMNOPQRSTUVWXYZABCDEFG IJ
LMNOPQRSTUVWXYZ BCDEFGHIJK
MNOPQRS UVWXYZABCDEFGHIJKL
NOPQRSTUVWXYZABCDEFGHIJKLM
OPQRSTUVWXYZABCDEFGH JKLMN
PQRS UVWXYZABCDEFGHIJKLMNO
QRSTUVWXYZABCDEFGHIJKLMNOP
RSTUVWXYZABCDEFGH JKLMNOPQ
 TUVWXYZABCDEFGHIJKLMNOPQR
TUVWXYZABCDEFGHIJKLMNOPQRS
UVWXYZABCDEFGH JKLMNOPQRST
VWXYZABCDEFGHIJKLMNOPQRS U

WXYZABCDEFGH JKLMNOPQRSTUV
XYZABCDEFGHIJKLMNOPQR TUVW
YZABCDEFGHIJKLMNOPQRSTUVWX
ZABCDEFGHIJKLMNOPQRSTUV XY
ABCDEFG IJKLMNOPQRSTUVWXYZ
BCDEFGHIJKLMNOPQRSTUVWXYZ
CDEFGHIJKLMNOPQRS UVWXYZAB
DEFGHIJKLMNOPQRSTUVWXYZABC
EFGH JKLMNOPQRSTUVWXYZABCD
FGHIJKLMNOPQRS UVWXYZABCDE
GHIJKLMNOPQRSTUVWXYZABCDEF
H JKLMNOPQRSTUVWXYZABCDEFG
IJKLMNOPQR TUVWXYZABCDEFGH
JKLMNOPQRSTUVWXYZABCDEFGHI
KLMNOPQRSTUVWXYZABCDEFGH J
LMNOPQRS UVWXYZABCDEFGHIJK

MNOPQRSTUVWXYZABCDEFGH JKL
NOPQR TUVWXYZABCDEFGHIJKLM
OPQRSTUVWXYZABCDEFGHIJKLMN
PQRSTUV XYZABCDEFGHIJKLMNO
QRSTUVWXYZABCDEFG IJKLMNOP
RSTUVWXYZ BCDEFGHIJKLMNOPQ
S UVWXYZABCDEFGHIJKLMNOPQR
TUVWXYZABCDEFGHIJKLMNOPQRS
UVWXYZABCDEFGH JKLMNOPQRST
VWXYZABCDEFGHIJKLMNOPQRS U
WXYZABCDEFGHIJKLMNOPQRSTUV
XYZABCDEFGH JKLMNOPQRSTUVW
YZABCDEFGHIJKLMNOPQR TUVWX
ZABCDEFGHIJKLMNOPQRSTUVWXY
ABCDEFGH JKLMNOPQRSTUVWXYZ
BCDEFGHIJKLMNOPQRS UVWXYZA

CDEFGH JKLMNOPQRSTUVWXYZAB
DEFGHIJKLMNOPQR TUVWXYZABC
EFGHIJKLMNOPQRSTUVWXYZABCD
FGHIJKLMNOPQRSTUV XYZABCDE
G IJKLMNOPQRSTUVWXYZABCDEF
HIJKLMNOPQRSTUVWXYZ BCDEFG
IJKLMNOPQRS UVWXYZABCDEFGH
JKLMNOPQRSTUVWXYZABCDEFGHI
KLMNOPQRSTUVWXYZABCDEFGH J
LMNOPQRS UVWXYZABCDEFGHIJK
MNOPQRSTUVWXYZABCDEFGHIJKL
NOPQRSTUVWXYZABCDEFGH JKLM
OPQR TUVWXYZABCDEFGHIJKLMN
PQRSTUVWXYZABCDEFGHIJKLMNO
QRSTUVWXYZABCDEFGH JKLMNOP
RS UVWXYZABCDEFGHIJKLMNOPQ

STUVWXYZABCDEFGH JKLMNOPQR
TUVWXYZABCDEFGHIJKLMNOPQR
UVWXYZABCDEFGHIJKLMNOPQRST
V XYZABCDEFGHIJKLMNOPQRSTU
WXYZABCDEFG IJKLMNOPQRSTUV
XYZ BCDEFGHIJKLMNOPQRSTUVW
YZABCDEFGHIJKLMNOPQRS UVWX
ZABCDEFGHIJKLMNOPQRSTUVWXY
ABCDEFGH JKLMNOPQRSTUVWXYZ
BCDEFGHIJKLMNOPQRS UVWXYZA
CDEFGHIJKLMNOPQRSTUVWXYZAB
DEFGH JKLMNOPQRSTUVWXYZABC
EFGHIJKLMNOPQR TUVWXYZABCD
FGHIJKLMNOPQRSTUVWXYZABCDE
GH JKLMNOPQRSTUVWXYZABCDEF
HIJKLMNOPQRS UVWXYZABCDEFG

JKLMNOPQRSTUVWXYZABCDEFGH
JKLMNOPQR TUVWXYZABCDEFGHI
KLMNOPQRSTUVWXYZABCDEFGHIJ
LMNOPQRSTUV XYZABCDEFGHIJK
MNOPQRSTUVWXYZABCDEFG IJKL
NOPQRSTUVWXYZ BCDEFGHIJKLM
OPQRS UVWXYZABCDEFGHIJKLMN
PQRSTUVWXYZABCDEFGHIJKLMNO
QRSTUVWXYZABCDEFGH JKLMNOP
RS UVWXYZABCDEFGHIJKLMNOPQ
STUVWXYZABCDEFGHIJKLMNOPQR
TUVWXYZABCDEFGH JKLMNOPQRS
UVWXYZABCDEFGHIJKLMNOPQR T
VWXYZABCDEFGHIJKLMNOPQRSTU
WXYZABCDEFGH JKLMNOPQRSTUV
XYZABCDEFGHIJKLMNOPQRS UVW

YZABCDEFGH JKLMNOPQRSTUVWX
ZABCDEFGHIJKLMNOPQR TUVWXY
ABCDEFGHIJKLMNOPQRSTUVWXYZ
BCDEFGHIJKLMNOPQRSTUV XYZA
CDEFG IJKLMNOPQRSTUVWXYZAB
DEFGHIJKLMNOPQRSTUVWXYZ BC
EFGHIJKLMNOPQRS UVWXYZABCD
FGHIJKLMNOPQRSTUVWXYZABCDE
GH JKLMNOPQRSTUVWXYZABCDEF
HIJKLMNOPQRS UVWXYZABCDEFG
IJKLMNOPQRSTUVWXYZABCDEFGH
JKLMNOPQRSTUVWXYZABCDEFGH
KLMNOPQR TUVWXYZABCDEFGHIJ
LMNOPQRSTUVWXYZABCDEFGHIJK
MNOPQRSTUVWXYZABCDEFGH JKL
NOPQRS UVWXYZABCDEFGHIJKLM

OPQRSTUVWXYZABCDEFGH JKLMN
PQR TUVWXYZABCDEFGHIJKLMNO
QRSTUVWXYZABCDEFGHIJKLMNOP
RSTUV XYZABCDEFGHIJKLMNOPQ
STUVWXYZABCDEFG IJKLMNOPQR
TUVWXYZ BCDEFGHIJKLMNOPQRS
UVWXYZABCDEFGHIJKLMNOPQRS
VWXYZABCDEFGHIJKLMNOPQRSTU
WXYZABCDEFGH JKLMNOPQRSTUV
XYZABCDEFGHIJKLMNOPQRS UVW
YZABCDEFGHIJKLMNOPQRSTUVWX
ZABCDEFGH JKLMNOPQRSTUVWXY
ABCDEFGHIJKLMNOPQR TUVWXYZ
BCDEFGHIJKLMNOPQRSTUVWXYZA
CDEFGH JKLMNOPQRSTUVWXYZAB
DEFGHIJKLMNOPQRS UVWXYZABC

EFGH JKLMNOPQRSTUVWXYZABCD
FGHIJKLMNOPQR TUVWXYZABCDE
GHIJKLMNOPQRSTUVWXYZABCDEF
HIJKLMNOPQRSTUV XYZABCDEFG
IJKLMNOPQRSTUVWXYZABCDEFG
JKLMNOPQRSTUVWXYZ BCDEFGHI
KLMNOPQRS UVWXYZABCDEFGHIJ
LMNOPQRSTUVWXYZABCDEFGHIJK
MNOPQRSTUVWXYZABCDEFGH JKL
NOPQRS UVWXYZABCDEFGHIJKLM
OPQRSTUVWXYZABCDEFGHIJKLMN
PQRSTUVWXYZABCDEFGH JKLMNO
QR TUVWXYZABCDEFGHIJKLMNOP
RSTUVWXYZABCDEFGHIJKLMNOPQ
STUVWXYZABCDEFGH JKLMNOPQR
UVWXYZABCDEFGHIJKLMNOPQRS

UVWXYZABCDEFGH JKLMNOPQRST
VWXYZABCDEFGHIJKLMNOPQR TU
WXYZABCDEFGHIJKLMNOPQRSTUV
XYZABCDEFGHIJKLMNOPQRSTUV
YZABCDEFG IJKLMNOPQRSTUVWX
Z BCDEFGHIJKLMNOPQRSTUVWXY
ABCDEFGHIJKLMNOPQRS UVWXYZ
BCDEFGHIJKLMNOPQRSTUVWXYZA
CDEFGH JKLMNOPQRSTUVWXYZAB
DEFGHIJKLMNOPQRS UVWXYZABC
EFGHIJKLMNOPQRSTUVWXYZABCD
FGH JKLMNOPQRSTUVWXYZABCDE
GHIJKLMNOPQR TUVWXYZABCDEF
HIJKLMNOPQRSTUVWXYZABCDEFG
JKLMNOPQRSTUVWXYZABCDEFGH
JKLMNOPQRS UVWXYZABCDEFGHI

KLMNOPQRSTUVWXYZABCDEFGH J
LMNOPQR TUVWXYZABCDEFGHIJK
MNOPQRSTUVWXYZABCDEFGHIJKL
NOPQRSTUV XYZABCDEFGHIJKLM
OPQRSTUVWXYZABCDEFG IJKLMN
PQRSTUVWXYZ BCDEFGHIJKLMNO
QRS UVWXYZABCDEFGHIJKLMNOP
RSTUVWXYZABCDEFGHIJKLMNOPQ
STUVWXYZABCDEFGH JKLMNOPQR
UVWXYZABCDEFGHIJKLMNOPQRS
UVWXYZABCDEFGHIJKLMNOPQRST
VWXYZABCDEFGH JKLMNOPQRSTU
WXYZABCDEFGHIJKLMNOPQR TUV
XYZABCDEFGHIJKLMNOPQRSTUVW
YZABCDEFGH JKLMNOPQRSTUVWX
ZABCDEFGHIJKLMNOPQRS UVWXY

ABCDEFGH JKLMNOPQRSTUVWXYZ
BCDEFGHIJKLMNOPQR TUVWXYZA
CDEFGHIJKLMNOPQRSTUVWXYZAB
DEFGHIJKLMNOPQRSTUV XYZABC
EFG IJKLMNOPQRSTUVWXYZABCD
FGHIJKLMNOPQRSTUVWXYZ BCDE
GHIJKLMNOPQRS UVWXYZABCDEF
HIJKLMNOPQRSTUVWXYZABCDEFG
JKLMNOPQRSTUVWXYZABCDEFGH
JKLMNOPQRS UVWXYZABCDEFGHI
KLMNOPQRSTUVWXYZABCDEFGHIJ
LMNOPQRSTUVWXYZABCDEFGH JK
MNOPQR TUVWXYZABCDEFGHIJKL
NOPQRSTUVWXYZABCDEFGHIJKLM
OPQRSTUVWXYZABCDEFGH JKLMN
PQRS UVWXYZABCDEFGHIJKLMNO

adida

all day i dream about

Phonemadrigal

lied for seventy-eight voices

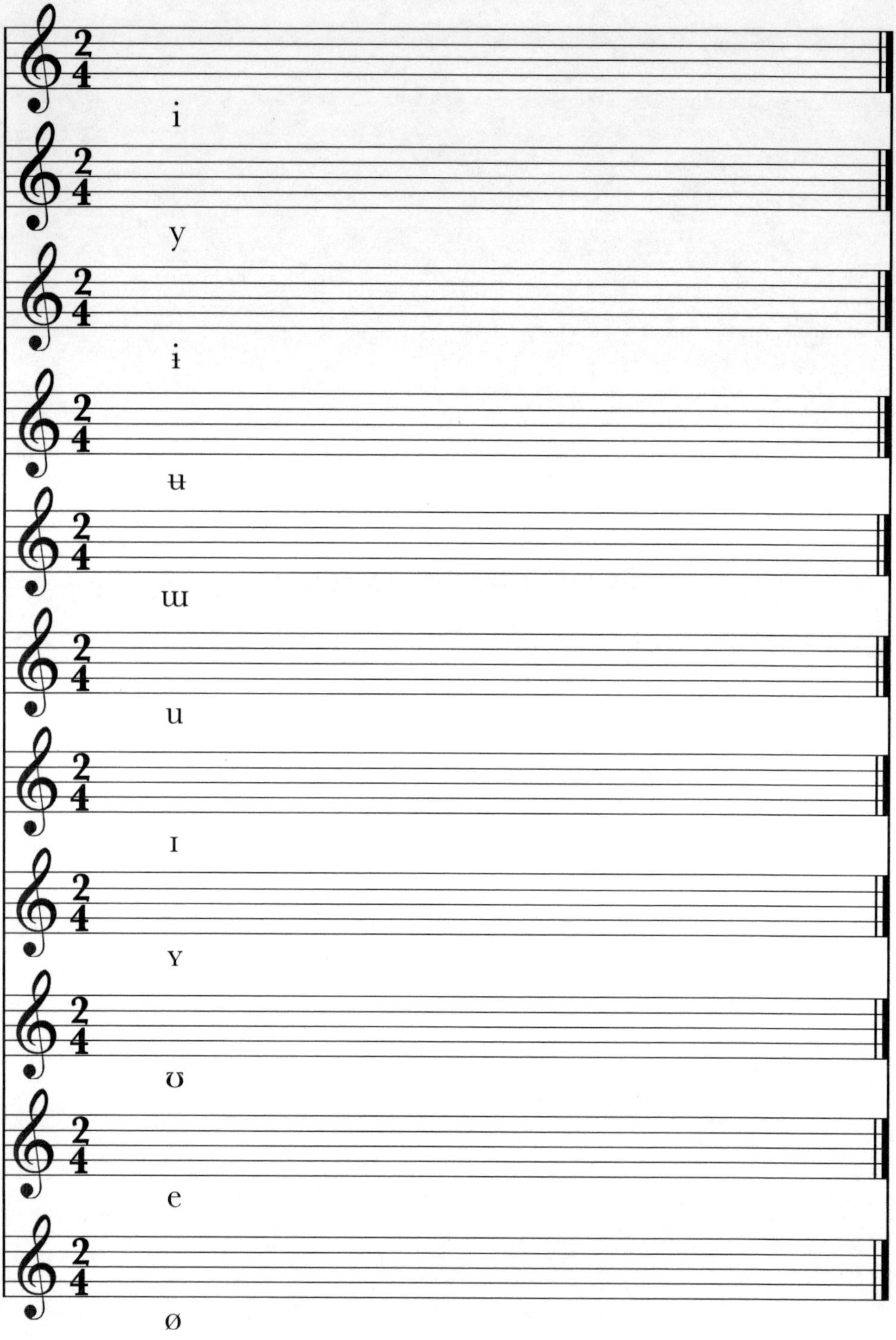
i
y
ɨ
ʉ
ɯ
u
ɪ
ʏ
ʊ
e
ø

ɘ
ɵ
ɤ
o
ə
ɛ
œ
ɜ
ɞ
æ
ɐ

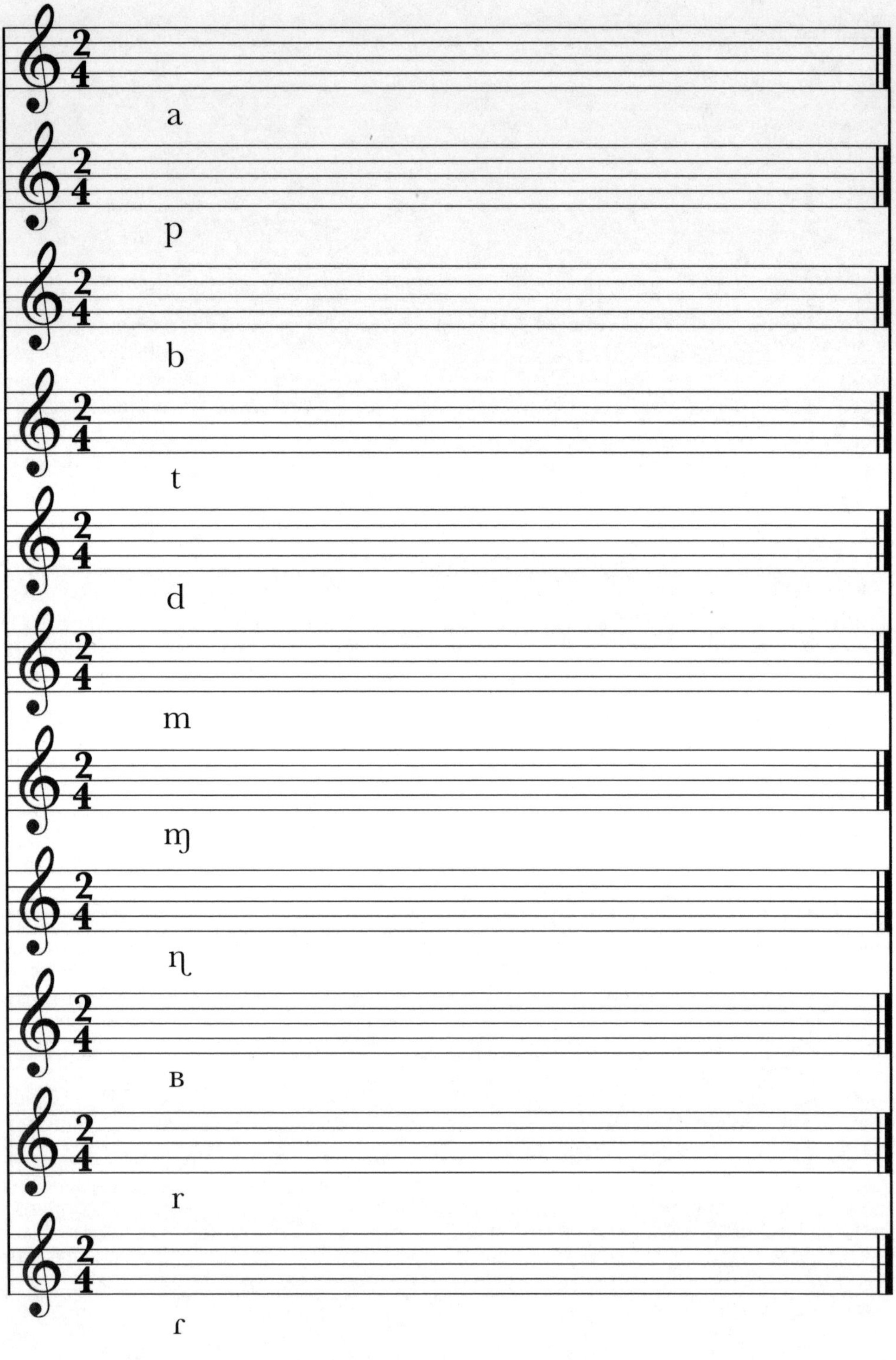
a
p
b
t
d
m
ɱ
ɳ
ʙ
r
ɾ

ɸ
β
f
v
θ
ð
s
z
ɬ
ɮ
ʋ

2/4
ɹ
l
ʘ
ɓ
p’
ǀ
ɖ
t’
ǃ
ʄ
k’

ǂ
ɠ
s’
ǁ
ʛ
ʍ
ɥ
ʜ
ʢ
ʡ
ɕ

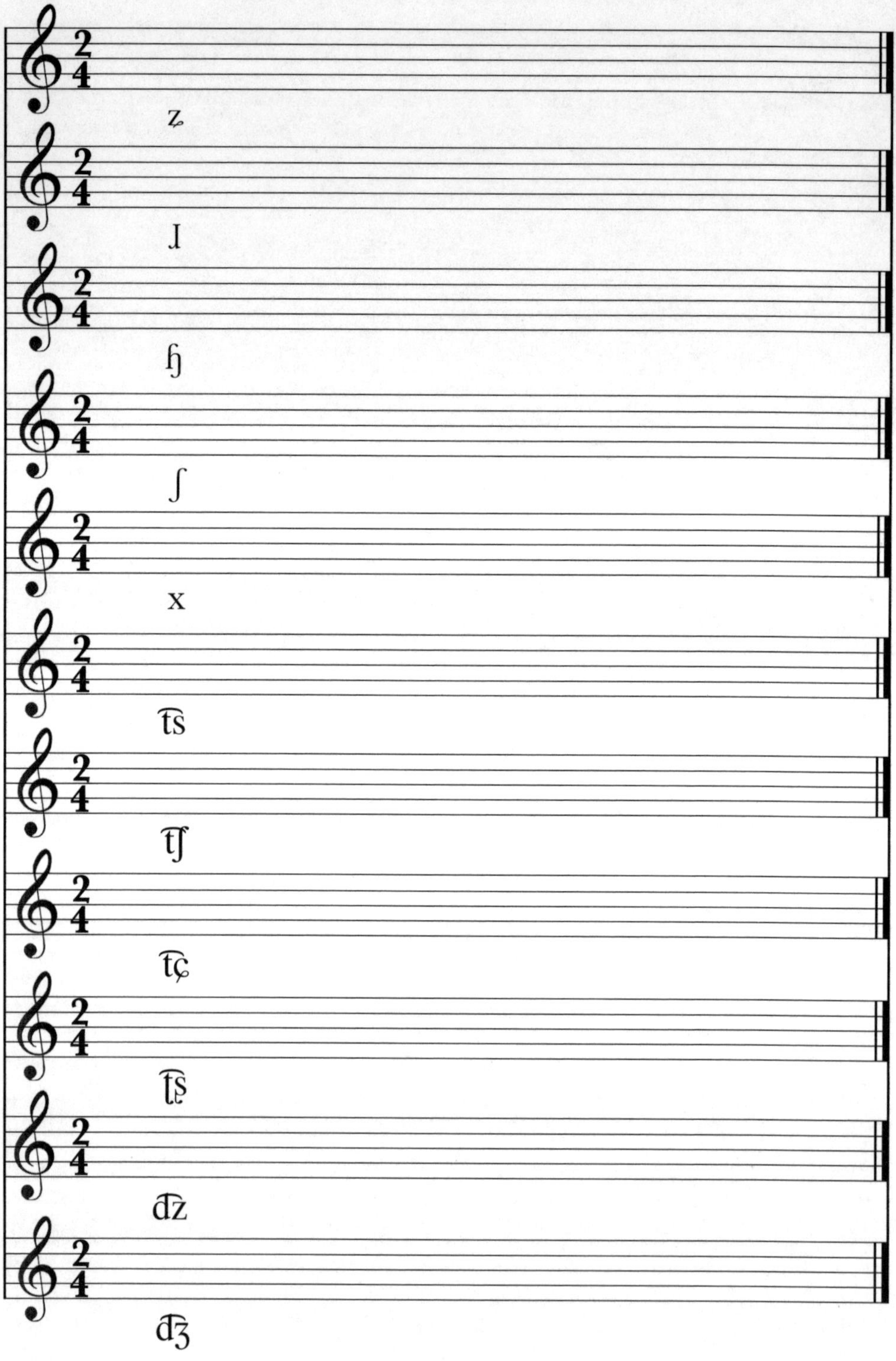
ʑ
ɹ
ɧ
ʃ
x
t͡s
t͡ʃ
t͡ɕ
ʈ͡ʂ
d͡z
d͡ʒ

d͡ʑ
ɖ͡ʐ

from: Jeremy Sigler <jeremysigler@mac.com>
to: Kate Soper <k******@gmail.com>
date: Nov 6, 2019, 8:41 AM
subject: Dear Kate Soper

Hi Kate,

It's Jeremy Sigler.

Do you have a few minutes to chat about something?

I have attempted to score a "sound poem" for publication on staff paper so that it actually appears more as a kind of choir piece, but my publisher and I are both having trouble determining if the score is (or ever would be) legible to a conductor or capable of being properly performed by trained musicians.

Anyway, I'd really appreciate it if you would be willing to take a quick look, if you have a minute. I'm sure it wouldn't take long.
... At your convenience.

I hope all is well for you. I keep hearing and seeing such great things.

xoJeremy

from: Kate Soper <k******@gmail.com>
to: Jeremy Sigler <jeremysigler@mac.com>
date: Nov 6, 2019,10:40 AM
subject: Dear Kate Soper

Hi Jeremy,

Sure, send it along and let me know what kind of feedback you're looking for if it's anything more specific than "is this legible to a musician?/are there things missing that need to be here for performance?" Things are busy but I can probably take a look over the next week or so.

xk

--
Kate Soper
Co-director and Vocalist, Wet Ink
Associate Professor of Music, Smith College

from: **Jeremy Sigler <jeremysigler@mac.com>**
to: **Kate Soper <k******@gmail.com>**
date: **Nov 6, 2019, 12:12 PM**
subject: **Re: Dear Kate Soper**

Here is the pdf, attached, for the entire book, which you may of course feel free to ignore.

The poem in question is on pages 116-123, entitled "Phonemadrigal."

Quick backstory: a jazz musician tried to help already, which led to this point.

My objective is actually very simple: All the 78 phonemes (taken from current international phonetic alphabet) are dealt out to 78 vocalists. The conductor starts the piece and all voices "sound" at once. That quickly, the piece is over. One beat. All the phonemes are heard at the same time, creating a kind of grunt/growl/moan—my poem.

I'd like the appearance of the work in print to reference the sort of Gregorian chant or even a Schubert song, which is why I am including staffs and clefs, and a time signature, etc. But I also realize that all that stuff may be somewhat beside the point since the piece has no musical notes or measures.

I've been warned that the way it currently appears on the page may not create my intended effect, so I am worried that I will publish the wrong thing.
If need be, I will include some sort of instructional note, but not sure what to say, in order to be understood by any future musicians, etc.

Sorry for being so clueless. Thanks for even a quick glance.

from: **Kate Soper <k******@gmail.com>**
to: **Jeremy Sigler <jeremysigler@mac.com>**
date: **Nov 6, 2019,4:12 PM**
subject: **Dear Kate Soper**

Hi Jeremy,

Ok, some quick thoughts:

My objective is actually very simple: All the 78 phonemes (taken from current international phonetic alphabet) are dealt out to 78 vocalists. The conductor starts the piece and all voices "sound" at once. That quickly, the piece is over. One beat. All the phonemes are heard at the same time, creating a kind of grunt/growl/moan—my poem.

Ok, you mean there is just a single "impulse" in the piece, with no time/meter or pitch? That scenario is contradicted by the notation. You would probably be better served by having the "score" consist of exactly what you wrote me above (or some version of that), plus a numbered list of the 78 phonemes, along with verbal instructions regarding anything else you want the performers to do (you mention grunt/growl/moan which makes me think you might include this as an instruction: e.g. "grunt, growl, or moan the indicated phoneme on conductor's cue").

I'd like the appearance of the work in print to reference the sort of Gregorian chant or even a Schubert song, which is why I am including staffs and clefs, and a time signature, etc. But I also realize that all that stuff may be somewhat beside the point since the piece has no musical notes or measures.

I understand, but what you want to have happen is incompatible with standard music notation. (Also, FYI Gregorian chant does not use treble & bass clefs, time signatures, barlines...there was an entirely different notation system in use at the time and most music was not notated.) It's not that it's beside the point to use clefs and a time sig etc, it's that this is providing inaccurate information to the performers that contradicts your intention. Maybe there's some other way to incorporate medieval and Western notation into the manuscript, if this is important to the overall project, but if this piece is going to be performed as you describe above I'd make it a text-based score.

Hope that helps (and obviously feel free to ignore me if not), looks cool and I bet it'll sound awesome!

Cheers,
K

from: **Jeremy Sigler <jeremysigler@mac.com>**
to: **Kate Soper <k******@gmail.com>**
date: **Nov 6, 2019, 4:16 PM**
subject: **Re: Dear Kate Soper**

Kate. Wonderful. This is very helpful! I can't thank you enough.
And hopefully Cory and I will see you sometime soon.
All the best. Yours,
Jeremy

Three Lines

Q W E R T Y U I O P

A S D F G H J K L

Z X C V B N M

Three Standard Stoppages

Q	A	Z
W	S	X
E	D	C
R	F	V
T	G	B
Y	H	N
U	J	M
I	K	
O	L	
P		

Poem in First Stoppage

I, out, we, quit, you, per, pit, tip, put, rip, yo, to, too, two, query, rut, rutty, poop, pipe, pop, tit, wet, puppy, quip, pot, try, pity, it, pyro, port, yuppy, pitier, opportunity, rot, rep, tire, toy, your, you're, tee, tye, tyre, write, wire, writer, reporter, twit, wiry, true, trooper, wipe, wiper, wipeout, top, yurt, yup, up, or, were, pitter, wore, poor, yet, type, tweet, utter, wit, we're, rite, witty, ripper, report, porter, pier, pretty, pert, ire, pout, pouty, tutor, property, proper, rope, preppy, quiet, quite, quitter, queer, toot, root, pour, wetter, weep, wee, teeter, require, wort, worry, worrier, pew, peter, twitter, pewter, peer, pep, peppy, pepper, tour, our, retort, petty, prop, tower, territory, toe, torpor, repertoire, totter, repute, eerie, tree, rewrite, trip, tripper, tow, troop, putt, putty, pouter, porta-potty, tore, weepy, putter, peyote, pure, requite, rye, router, pee, tutu, retro, pirouette, tripe, pottery, potter, poetry, poet, retry, rewire, quote, pup, puppet, pique, teepee, writ, wry, torque, tort, quire, rotor, rooter, purity, puppetry, ripe, perpetuity, tripwire, typewriter, prior, priority, riot, priori, rioter, orrery, retire, tie, upper, trot, trotter, poppy, terror, pope, utero, tot, pet, otter, yore, pyre, outer, prey, popper, prep, pro, pore, titty, totty, yew, potty, toon, trout, rerun, tippy, pi, tiptoe, tryout, rue, trippy, quieter, purr, equip, equity, rupture, wow, pre, yippee, trey, troupe, trio, pow, torture, torturer, purport, poorer, pie, terry, trouper, power, retiree, utterer, pry, prier, prow, quo, quoter, troy, petro, pooper, poi, ret, erupt, eruptor, treetop, wrote, rote, peewee, tottery, tipper, powwow, peppery, repertory, weeps, petit, petite, pippy, pip, pee-yew

Poem in Second Stoppage

dad, sad, had, sag, gas, gag, fad, lad, hag, glad, lass, ass, add, ad, ash, ask, gal, gaff, lag, fag, sass, fall, hall, has, half, shall, shag, sash, dash, hash, lash, fags, glass, all, alas, jag, salad, alfa, flash, flag, salsa, gash, flask, alfalfa, daff, as, a, salads, half-ass, gall, lads, dada, salads, flasks, shags, dads, sags, gags, fads, hags, adds, ads, asks, gaga, la-la, haha, ha, halls

Ennui

P O V

E R T Y

V

O

P

E R T Y

V

P O

Y

R

T

E

V

P O

T

E

Y

R

MATH

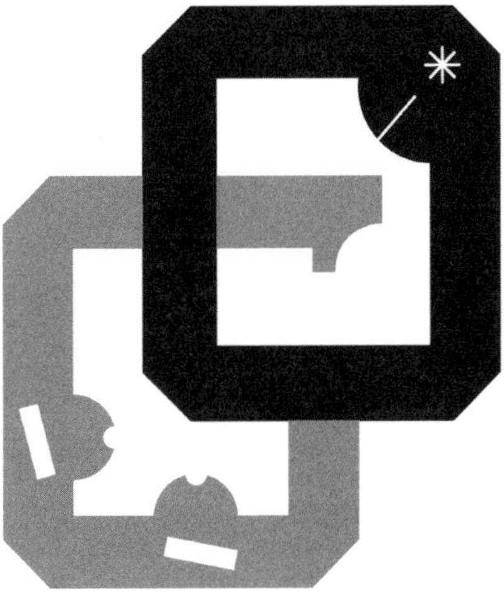

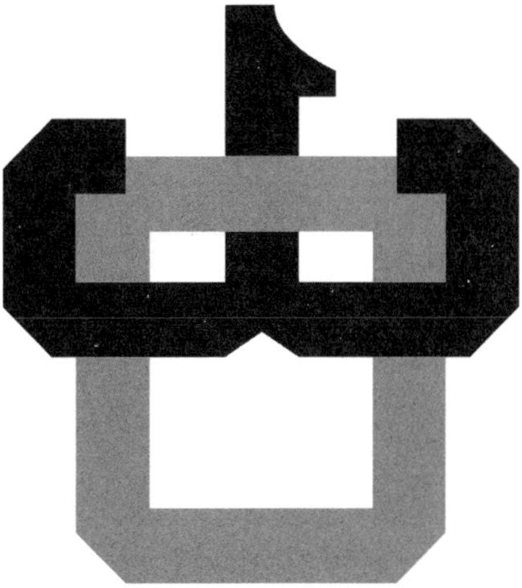

Goodbye Letter

First Edition

Hunters Point Press
4711 Vernon Boulevard
Long Island City, NY 11101
www.hunterspointpress.com

Editor: Barney Kulok
Text Editor: Claire Lehmann

Printed and bound in Spain by SYL L'art Gràfic

ISBN 978-0-578-57691-6
Library of Congress Control Number 2019951226

Distributed by Artbook/D.A.P.

Acknowledgments

The publisher wishes to acknowledge Sam Kulok and Kate Soper for their indispensable feedback and Rick Curi for his generous support of this project.

The author would like to thank Ross Simonini and Andrew Leland for broadcasting and hosting a discussion about "Phonemadrigal" on their podcast *The Organist*; Dave Colosi for the audio production of "Phonemadrigal"; Michael Mykola Haleta for designing MATH; Albert Mobilio for inviting him to speak in "Double Take 23" at apexart in New York on November 8, 2017, where he presented many of the poems in this book alongside Elizabeth Zuba, who lectured on Robert Browning's historic first wax recording of a poet's voice in 1889 using Thomas Edison's "talking machine"; and Victoria Camblin, who included earlier iterations of poems in this book in *ART PAPERS*, Fall 2017.

The author would also like to gratefully acknowledge the love and support of his wife and daughter, Cory Reynolds and Cole Sigler.

Phantom

Poet's Home

National Historic Landmarks Criteria

The quality of national significance is ascribed to districts, sites, buildings, structures, and objects that possess exceptional value or quality in illustrating or interpreting the heritage of the United States in history, architecture, archeology, engineering, and culture and that possess a high degree of integrity of location, design, setting, materials, workmanship, feeling, and association, and:

1: That are associated with events that have made a significant contribution to, and are identified with, or that outstandingly represent, the broad national patterns of United States history and from which an understanding and appreciation of those patterns may be gained; or

2: That are associated importantly with the lives of persons nationally significant in the history of the United States; or

3: That represent some great idea or ideal of the American people; or

4: That embody the distinguishing characteristics or an architectural type specimen exceptionally valuable for the study of a period, style or method of construction, or that represent a significant, distinctive and exceptional entity whose components may lack individual distinction; or

5: That are composed of integral parts of the environment not sufficiently significant by reason of historical association or artistic merit to warrant individual recognition but collectively compose an entity of exceptional historical or artistic significance, or outstandingly commemorate or illustrate a way of life or culture; or

6: That have yielded or may be likely to yield information of major scientific importance by revealing new cultures, or by shedding light upon periods of occupation of large areas of the United States. Such sites are those which have yielded, or which may reasonably be expected to yield, data affecting theories, concepts and ideas to a major degree.

IT IS AS IT IS

National Register of Historic Places
1234 Market Street, 20th Floor
Philadelphia, PA 19107

Dear Secretary of the Interior,

I just completed Jeremy Sigler's final book of poetry, *Goodbye Letter*, a book of poetry that reflects on the essence and obsolescence of the poet's voice and of language itself.

It now becomes the task of the few of us who appreciate Sigler's work to immortalize his unique vision and preserve his legacy. With this in mind, I propose to nominate Sigler's Brooklyn apartment to become a National Historic Landmark, ensuring that future readers and enthusiasts have the opportunity to observe where the poet lived, sit at the table where he wrote, recline on the daybed where he napped, and gaze out his window—to, as Sigler once said, "stand naked in the poet's boots."

My mission is to help initiate the preservation of Sigler's address at 255 Hicks Street, so as to provide a lasting destination for those who seek to connect posthumously with the poet, to experience what was "once upon a time" his actual place in the world, and to feel any ghostly presence that may, by chance, remain.

The apartment, located on the top floor of a four-story brownstone in Brooklyn Heights, overlooks the harbor and skyline of Lower Manhattan. From this inspiring perch one can hear the intermittent foghorn of the passing Staten Island Ferry and peer all the way out to the Statue of Liberty.

I am confident that Sigler's voice will endure and that his contribution to American history has already met the criteria outlined on the National Historic Landmark website in that it "represents some great idea or ideal of the American people."

Thank you very much for your consideration.